Barbara Krüger Mein Sohn Andi

Barbara Krüger

MEIN SOHN ANDI

Tagebuch einer Mutter

Herder Freiburg · Basel · Wien

Alle Rechte vorbehalten – Printed in Germany
© Verlag Herder Freiburg im Breisgau 1979
Herstellung: Freiburger Graphische Betriebe 1979
ISBN 3-451-18832-5

3. Juli

Behutsam trägt Bernhard unseren achtjährigen blassen, kraftlosen Sohn auf den Bahnsteig und hebt ihn in den eingelaufenen „Tauernexpreß". Ich wuchte mit den Koffern hinterher. Der Pfeifenschrill und Bernhards hetziges Hinausspringen entlocken Andi und mir ein ebenso nervöses Abschiedslächeln. Dann entführt uns der Zug in die Nacht und läßt Bernhard mit der unverständlichen Realität allein zurück.

Zu meiner großen Erleichterung drückt der Schaffner Andi und mich in ein Liegewagenabteil, dessen Bestellung nachmittags als völlig aussichtslos abgelehnt worden war. Andi liegt mit seinem Stofftier im Arm unter mir und beäugt interessiert seine sich unruhig wälzende Nachbarin. Im Rhythmus der aufleuchtenden Ortschaften ziehen an mir die Ereignisse der letzten Tage vorbei. Acht Jahre freuten wir uns über Andis gesunde Kondition und ausgesprochene Sportlichkeit.

Innerhalb der vergangenen Wochen hatte sich bei ihm eine schnell zunehmende Muskelschwäche und Hautverfärbung bemerkbar gemacht. Dank der Erfahrung und des Interesses der konsultierten Ärzte konnte die schwerwiegende und äußerst seltene Diagnose in kürzester Zeit gestellt werden. Die spontane Einweisung in die entfernte spezielle Kinderklinik wurde heute morgen telefonisch angewiesen.

Mit der hoffnungsvollen Aktivität, die bedrängende Gefühle bremst, hatte Andi ebenso still seine Spielsachen sortiert, wie Bernhard, von einer Tagung kommend, fassungslos, aber ohne Fragen zu stellen, uns zum Bahnhof begleitete.

Persönlich hatte ich nachmittags bei der hiesigen Bahnhofsmission um eine Hilfe beim Umsteigen in München gebeten. Ich folgte dem Rat, dort selbst anzurufen. Das lange Telefonat mit Besprechung aller Einzelheiten wurde mit absolutem Vertrauen in deren Verläßlichkeit beendet.

4. Juli

Nach durchwachter Fahrt irrten unsere Blicke über den Münchener Bahnsteig. Enttäuschende Minuten scheinen zu rasen. Fünf davon verbleiben uns noch zum Umsteigen. Koffer und Andi schleppend, hetze ich in Richtung Sackbahnhof. Die Mission hat uns vergessen. Der Bahnhofsvorsteher des Anschlußgleises hebt die entscheidende Kelle, ich spurte los, werfe das Gepäck in den anfahrenden Zug, zerre Andi hoch und springe mit dem wimmernden Kind hinterher. Ich fühle mich wie ein Held, Andi ist alles egal. Die erste unplanmäßige Hürde ist genommen.

Am Zielbahnhof ist Andis Kraft endgültig erschöpft. Er lutscht trostlos am Eis. Der touristengewöhnte Taxifahrer kurvt uns redselig zur Klinik.

Man erwartet uns, und ich lasse mich, erleichtert aufatmend, nieder. Mein Lächeln versichert, das Schlimmste haben wir hinter uns. Andi sitzt mit verquollenem Gesicht auf der Untersuchungspritsche und bemüht sich, meine Zuversicht zu teilen.

Seine Verfassung und die Erwartung des ungewissen Geschehens machen es ihm unmöglich.

Ein junger, ehrgeiziger Mediziner kommt händereibend durch die doppelt infektionsgesicherte Tür. Auf seine allgemeinen Formularfragen gebe ich bereitwillig Auskunft. Ein Wort meiner gesprächigen Aussage scheint ihn glücklich zu machen. Er verschwindet ohne Patientenbeachtung in der Virensperre und bespricht mit eilends herbeigerufener Schwester irgendwelche Umorganisationen. Voll Vertrauen folgen wir dem fröhlichen Arzt in den Altbau. Die Tür schließt sich hinter uns mit der Aufforderung, den Raum nicht zu verlassen. Das gekalkte, triste Isolierzimmer soll das Ziel unserer Hoffnung sein. Damit will ich mich nicht abfinden. Nach einer Stunde Wartens soll ich Andi verlassen. Ich bleibe bei ihm. Die herbeigerufene Oberschwester verspricht, die Sachlage zu klären. Um achtzehn Uhr bekommt Andi auf meine Bitte endlich etwas zu essen. Auf Wegwerfgeschirr durch die Virensperre geschoben. Ich erkenne, daß in diesem entlegenen Zimmer keine Klingel vorhanden ist. Die vernichtende Antwort: „Liebe Frau, nu hören S' aber auf, hätten S' mit dem Rötelkind nich herkommen sollen!" Diese voreilige, zusätzliche Diagnose und der Informationsmangel lähmen mich. Tränen der Hilflosigkeit brechen aus. Morgen muß ich diesen falschen Verdacht ausräumen oder sofort mit Andi abfahren. Dadurch getröstet, löst er sich tapfer, aber völlig erschöpft von mir.

5. Juli

Ich biege um die Ecke und sehe Andi wie einen alten Mann fassungslos kopfschüttelnd am Fenster sitzen. In der Nacht wollte er wegen Kälte das Fenster schließen, konnte es nicht. Hat geschrien und sich „fast zu Tode geheult", keiner kam. Das Klinikpersonal huscht mir förmlich aus dem Weg. Nach einem erzwungenen Gespräch mit dem grauhaarigen Muster-Chefarzt kann Andi meine Freude über die Aufhebung der Isolierung nicht teilen. Er hat so sehr auf unsere Heimfahrt gehofft. Die Schwestern lassen mich widerwillig beim „Umzug" helfen. Ich erfülle eifrig ihre Forderungen, kann aber keinerlei Verständnis erwarten. Ich merke es nicht nur, sie sagen es auch: Die Eltern kommen mit ihren Kindern in letzter Verzweiflung; Hunderte warten auf einen Klinikplatz – sie haben es nicht nötig… Ich muß herausbekommen, was hier das Besondere ist. Ich bin noch nicht so blind vor Kummer, daß ich Andi zu seinem körperlichen Schaden nun auch noch einen seelischen zufügen lasse.

6. Juli

Mein Zimmer unterm Dach habe ich mir heute erstmals richtig angeguckt. Es ist bayerisch gemütlich. Beim Frühstück kauen die beiden Urlauberehepaare emsig ihre Brötchen. Norddeutsche scheint so schnell nichts zu verbinden. Über mich als nicht einzuordnende Einzelperson haben sie heute Kontakt aufgenommen. Eine gute Tat bei glühender Hitze.

Zwei Stunden am Tag darf ich Andi sehen. Er hat Fieber, weil er sich laut Schwester beim Anziehen so angestrengt hat. Er sagt nicht, daß man ihm behilflich sein muß. Man schiebt mir zur Ausfahrt einen Rollstuhl hin. Andi sträubt sich aufschreiend. Die Freude, mit ihm allein sein zu dürfen, überwindet meinen Schreck. Jede unnötige Bewegung vermeidend, schiebe ich den apathischen Jungen durch den sonnigen Ort. Er ist malerisch gelegen; ich versuche, mich von ihm beeindrucken zu lassen. Ich mag ihn nicht, ich möchte sofort mit dem wackelnden Hinterkopf vor mir zum Bahnhof fahren.

7. Juli

Die Pensionswirtin hat mir mein Frühstück mit Zeitung auf der Veranda gerichtet. Drinnen planen die Ehepaare gemeinsame Ganztagstouren. Mein Zeitplan ist auch eingeteilt. Ich schlendere zum Naturfreibad und schwimme kräftig durch. Endlich kann ich wieder zu Andi. Er weint viel, die Krankheit erlaubt es ihm. Getrunkene Flüssigkeit kommt durch die Nase – Schluckbeschwerden. Ich sage es der Schwester – Schulterzucken. Alle Kinder holen sich das Essen aus der Küche. Andi kann's nicht, er wartet. Er flüstert mir zu: „Ich muß alles aufessen, sonst muß ich in die Küche." Appetitlos stopft er und würgt, ich helfe ihm. In jedes einzelne Kleidungsstück muß ich ein gelbes Bändchen knoten. Bin froh, daß ich was zu tun habe. Uns verbindet weit mehr als das Band, das Andi erfolglos in brauchbare Längen zu schneiden versucht. Der Abschied ist jedesmal herzerweichend.

8. Juli

Ich weiß, ich muß bei Andi bleiben. Die Information ist so gering, und die medizinische Behandlung bezieht sich fast ausschließlich auf Versorgung und Beobachtung. Aus den angekündigten vier Wochen werden vermutlich drei Monate. Andis Schluckbeschwerden arten in Atembehinderung aus. Auf meinen erschreckten Hinweis wird der Chefarzt gerufen, der aufgeregt Medikamente verordnet. Mich beruhigt er, das gehöre zum Krankheitsbild.

Nachmittags bringe ich Andi Spielzeug mit. Er guckt es mit leerem Blick und mich mit tränengefüllten Augen an. In sein Dreierzimmer ist ein Gitterbettchen mit einem strampelnden Etwas geschoben worden. Es lenkt etwas ab und kann Andi zu einer Reaktion ermuntern. Auf dem Flur fahren Roller und Kettcars. Es ist Kinderatmosphäre, aber Andi leidet darunter.

Bernhard hatte mir telefonisch das Versprechen abgerungen, wenigstens einmal am Tag richtig zu essen. Ich gehe in den „Wienerwald" und knacke dem Hendl lustlos die Keule aus. Es sieht prachtvoll aus, und alle Kunden hauen mächtig rein. Mein Genuß schwindet, aber die deutliche Notwendigkeit einer auslastenden Beschäftigung beflügelt mich. Um Andi eine wirkliche Hilfe zu sein und die Klinik von meinem Hierbleiben überzeugen zu können, muß ich Arbeit finden. Ich traue mir sogar zu, Hendl zu schwingen.

9. Juli

Von Hähnchen habe ich geträumt. Bernhard und Andi verspeisten sie unter meiner gekonnten Bedienung. Ich ziehe mich sorgfältig an und begebe mich zum Kreiskrankenhaus. Nach Durchlauf mehrerer Instanzen und verständnisvoller Anhörung meiner Lage und Fähigkeiten bleibt nur das einfühlsam ausgesprochene Wort: Einstellungsstopp.

Andi hört sich mein phantastisches Vorhaben ohne Regung an. Hauptsache, ich bin pünktlich da. Die Haupttür wird zur Besuchszeit geöffnet, und ein Alarmton fordert zum Verlassen auf. Dies sind Andis markante Tageszeiten. Ich muß die Besuche reduzieren, um sein Einleben nicht zu behindern. Ohne Arbeit werden wir beide diese vernünftige Enthaltsamkeit nicht durchhalten. Mittags bahne ich mir den Weg durch wahre Völkerwanderungen zum entlegenen Altenheim. Mein Optimismus suggeriert mir angesichts des neuerbauten Komplexes eine Heilung meiner sämtlichen Nöte.

Die Oberin kaut mit unergründlichem Grinsen Pralinen und schiebt meine vorgelegten Examensunterlagen mit ihren Ärmelschützern zu einer drahtigen Angestellten hinüber. Nach fachkundigem Überblick dreht diese ihren Stuhl zu mir und betrachtet mich abschätzend. Ich fühle, sie wird entscheiden, und spare mir jedes überflüssige Wort. „Einstellungsstopp", „Industrielosigkeit" – „mehr als besetzt", höre ich. Allerdings findet sie meine Schwimmbadbetätigung belustigend, und die Oberin kreischt wissend auf. Das „Aus" der Verwaltungsangestellten wird von der Oberin unterbrochen. Sie weist auf den ständig quängelnden „2. Stock" hin, wo mal „jemand hin muß". Für kurze Zeit ließe sich das eventuell verbuchen. Mein Aufleuchten wird gedämpft durch: „Sie müssen dann aber auch alles tun, was gerade anfällt!" Das will ich. Lebenserfahren glaubt man mir. Und schlafen darf ich sogar im Personalstock und anfangen schon am 11. Juli! Ich trotte bergumgeben in die Pension und habe das Gefühl, alle meinen es gut mit mir.

11. Juli

Die Pensionswirtin ist verständnisvoll und gibt mich frei. Frühmorgens wuchte ich meinen Koffer auf das geliehene Fahrrad und strample zum Altenheim. Um sieben Uhr stehe ich strahlend in der Küche der 2. Station. Die Nonne, Schwester Gibfriede, mustert mich mit stechendem Blick wohlwollend. Ich bin gewillt, es allen und allem gerecht zu machen, und Sr. Gibfriede scheint es mir anzumerken. Mundabwischend schließt sie den Eisschrank und beginnt mit mir ihren wallenden Routinerundgang. Maria, die Hilfe, schwenkt gerade wütenden Blickes um die Ecke, und ein Rippenstoß von Sr. Gibfriede warnt mich vor ihr. Zu dieser frühen Stunde macht sich die Schwester die Mühe, mich in das Innenleben dieses modernen Hauses einzuweihen. Neben dem fehlenden Anklopfen vor Betreten des Zimmers fällt mir auf, daß Schwester Gibfriede ohne Hemmung die Vorzüge und Nachteile jedes Bewohners lauthals vor mir ausbreitet. Mein Räuspern oder Wegsehen beflügelt sie zu besonderem Draufhinweisen. Die Namen schwirren mir durch den Kopf, und die Gesichter der alten Menschen verraten keine Identität.

Mit der Türkin Annelie spüle ich das Geschirr und ahne, daß es sonst wohl Marias Aufgabe ist. Mit verkniffenem Ausdruck murmelt sie ihre Gleichgültigkeit und sucht sich eine Arbeit, die ihrer jahrelangen Praxis mehr entspricht. Maria macht es einem schwer, sie zu mögen, und Annelies gezischeltes „Scheiße" bestätigt es. Ich will mich um sie bemühen.

Um halb elf holt Sr. Gibfriede das Mittagessen. Ich erschrecke, mir fehlen die erwachenden Lebensgeräusche der Bewohner. Putzeimer und Aufnehmer sind mir vertrauter als die weitläufigen Gänge mit geheimnisvollen Türen. Sr. Gibfriede ermuntert mich zum Gehen. Ich tu's gern. Eine Stunde am Tag für Andi war meine einzige Bitte. Daß sie gerade in die Hauptaktion „Mittagsausteilen" fällt, registriert Maria mit unüberhörbarem Murren. Ich steige in die Pedale und denke, daß diese knisternde Atmosphäre mich fordern wird.

12. Juli

Andi muß die Schule besuchen. Das wird wohl das Besondere sein. Die Besuchszeit hat begonnen, ich warte vor der Klasse. In einer Traube kranker Kinder wird er mit 'rausgeschoben. Ein Mädchen trägt ihm den Beutel mit geliehenen Büchern. Andi schleppt sich schluchzend zur Treppe und zieht sich die Steinstufen hoch. Auf der Hälfte bleibt er schweratmend stehen, ich trage ihn. Die Station ist erfüllt von Tellergeklapper. Ich hole Andi das Essen und helfe ihm ins Bett. Die Besuchszeit ist um, das Herz sehr schwer. Vor der Klinik wartet Martins Mutter auf mich. Sie kann nur ein paar Tage bleiben. Martin ist schon das dritte Mal hier. Nach zwei Monaten noch keine Entlassung in Sicht. Ich bin erstaunt, daß er sich immer noch nicht eingelebt hat. Für seine elf Jahre macht er einen krisenfesten Eindruck. Bettnachbar Frank kennt sein Zuhause kaum. Ihn reizt der ständige Wechsel, und über Heimweh kann er nur mitleidig lächeln. Ich beneide ihn nicht.

Im Altenheim richtet Sr. Gibfriede um vier Uhr das Abendbrot. Ich kann nicht helfen. Jeder Handgriff ist unübertragbar. Sr. Gibfriede erzählt gern. Sie hat eine krächzende Stimme mit undefinierbarem Dialekt. Aber ich mag sie. Beim Wurstverteilen ahne ich, daß sie sich von mir moralische Unterstützung, aber keine praktische Hilfe erhofft. Sie arbeitet gern, aber die Anerkennung fehlt. Ich kann sie verstehen, das tut ihr gut.

13. Juli

Ich bin ganz durcheinander. Jede Nacht bedrängt mich die Frage, wo ich eigentlich bin. Ich entdecke keinen Anhaltspunkt. Die Raben krächzen seit vier Uhr. Von meinem Fenster aus könnte ich sie erschlagen. Der Neubau ist hell erleuchtet. Ich sehe die Nonnen auf den Etagen geschäftig wirken. Ob die alten Bewohner um diese frühe Zeit auch schon so aktionsbedürftig sind? Übermüdet ergründe ich Geräusche. Ein riesiger Lastenaufzug neben meinem Zimmer untermalt rumorend meine Wachträume. Irgendwo aus der Tiefe dringt betend ein Bariton, und in der Ferne bimmeln Kühe. Noch viel mehr höre ich, es lohnt sich, darauf zu achten. Um halb sieben binde ich mir die weiße Schürze um. Auf dem Rücken Träger kreuzen und vor dem Bauch binden. Ich bin kein Schürzenfan, aber die Arbeitskleidung zeigt mich dienstbereit. Maria hat mit mir Frühdienst. Sie gibt gern Anweisung, traut mir die Ausführung aber nicht zu. Ich möchte nichts falsch machen und schon gar nichts zerreden. Die mir anvertrauten Tabletts transportiere ich pflichteifrig. Den Zwischengang entlang, dann um die Ecke. Mit dem Zimmer ganz hinten rechts beginnend. Umständlich klopfe ich, horche gespannt. Drücke mit dem Ellenbogen die Klinke 'runter und spähe in den muffigen Raum. Meinen Gruß erwidert eine jugendliche Stimme. Sie nimmt mir zittrig die Tasse ab und guckt mich lange aufmerksam an. Sie hat mich erwartet, und ich bin erleichtert. Das Alter hat viele Gesichter. Den vermuteten Schrecken suche ich vergeblich.

15. Juli

Bernhard kommt nächstes Wochenende. Unsere Blitzabreise, meine wirren Klinikberichte und die gefundene Arbeitsstelle überfordern seine Vorstellungskraft. Die Vorfreude wirkt Wunder. Andi zählt die Tage, und ich fürchte, er verbindet mit Vatis Kommen irgendeine verbessernde Veränderung. Auch die Oberin freut sich mit mir und durch sie das ganze Haus. Alle sind gespannt auf meinen Mann. Dieses massive Interesse ist er nicht gewöhnt. Ich weiß nicht, wie er sich verhalten wird. Frau Musche hört sich höflich meine Neuigkeit an. Sie war Hausdame und gewöhnt, keine eigene Meinung zu haben. Ich lege ihr die Serviette um und schiebe sie an den Tisch. Daß es ihr sogar egal ist, wer das für sie tut, merke ich nicht. Mit der Türkin Annelie putze ich vormittags vier Zimmer. Eine das Bad, bestehend aus Klo und Waschbecken, die andere den Wohnraum. Mit Begeisterung bringe ich die Toilette auf Hochglanz. Ich sehe, was dort zu tun ist, bin Haushalt gewöhnt und trotz Erstaunen froh, daß es sich lohnt. Zwei Damen freuen sich, daß die Neue ihre Sachen nicht anfaßt. Annelie wischt ausdruckslos den Boden und beknurrt die wackelnden Nippesfiguren. Ich bin fertig, luge durch die Badtür und springe über den feuchten Boden. Annelie lacht, und die Damen zucken mit hochgehaltenen Beinen zusammen. Ich schnappe mir einen abgestellten Sessel vom Flur, um Annelie zu helfen. Kaum steht er, streicht eine knochige Hand nervös über die von mir berührte Stelle des Bezuges. Ich erwarte verschreckt, daß man mir böse ist. Viel schlimmer, man beachtet mich gar nicht. Die Gedanken sind weit weg von mir. Annelie klopft mir auf die Schulter, und ihr „Scheiße" drückt aus: Als ich anfing, war's genauso.

17. Juli

Ich darf immer noch nicht allein Frühstück austeilen. Maria überzeugt mich, sie hätte es auch erst nach acht Tagen gekonnt. Ich glaub' ihr das. Eigentlich ist's mir auch egal. Ich könnte allerdings eine Kraft ersetzen und damit die Arbeitseinteilung verbessern. Außerdem würde ich gern rationalisieren und nicht nur Handlanger sein. Mir fällt auf, daß man Geduld lernen kann, ich hab's nicht geglaubt.

Obgleich ich mit der Reihenfolge und speziellen Bedienung mittlerweile vertraut bin, huscht Maria mir jedesmal nach. Sie ist enttäuscht und freut sich nicht über ihren Lehrerfolg. Heute entlädt es sich. Mit kaum verständlichem Niederbayerisch verbietet sie mir streng, an den Türen anzuklopfen und die Personen zu begrüßen. Ich verstehe nicht, daß „man" es so will. Es widerstrebt mir, mich danach zu richten. Maria zieht ihre Schürze stramm und genießt ihren Auftritt. Mit Sr. Gibfriede verbindet sie nichts. Aber diese bestätigt Marias unverständliche Forderung. Beide begründen ihr nüchternes Handeln mit Zeitverschwendung und sinnloser Investition irgendwelcher Gefühle. Anscheinend haben diese alten Menschen keines mehr. Und wir können es uns nicht leisten, es zu verschenken. Wofür bewahren wir es auf! Bei Maria hat es sicher lange gelegen, ist verstaubt. Sr. Gibfriede hat's vielleicht in siebzigjähriger Nächstenliebe verbraucht. Ich will meines hier und in der Kinderklinik verschleudern. Ich denke an die vielfältige Frucht und wundere mich, daß Sr. Gibfriede ihr nicht vertraut.

19. Juli

Samstag und Sonntag darf ich zweieinhalb Stunden bei Andi sein. Nach dem Frühdienst radle ich durch die drückende Hitze zur Klinik. Es ist Föhn, aber das Wissen mildert nicht die Belastung. Andi hat viel Post bekommen. Ich lese sie vor, das Heimweh wächst. Gutgemeinte Worte werden zu Erregern. Roman, ein kleiner Wiener, bekommt ein Paket. Zaghaft berührt er es und bittet mich um Hilfe. Aufmerksam beobachtet er, wie ich das Band aufknote und das Papier entfalte. Dann stürzt er sich in den Karton und atmet tief ein. Tapfer lächelnd richtet er sich auf. Die aus der Tüte geratenen Bonbons kleben am zerfallenen Krümelkuchen. Liebevoll sortiert er sie aus und drückt den Kuchen in Form. Erst als ich ihm den Begleitbrief vorlese, fällt die große Sehnsucht über ihn her. Ich hole mir den Aufzugschlüssel und schiebe Andi leise hinaus. Der nächste und schönste Weg führt am Bach entlang. Ich erzähle Andi von meiner Arbeit. Ihn interessiert nichts. Nur still zusammensein. In einem Gartenlokal bestelle ich ihm Pommes frites. Er stochert drin 'rum, guckt ständig auf die Uhr. Wir müssen uns beeilen, die Besuchszeit ist vorbei. Sie tyrannisiert uns, drängt sich auf und zwischen uns. Sie lähmt Aktivität und Kontakt, macht launisch und engstirnig. Sie reicht zu nichts und ist zuviel, um sie zu ignorieren.

Roman hat sich inzwischen beruhigt. Ich schenke ihm eine bunte Karte mit Briefmarke. Er diktiert mir rührende Worte an die Eltern. Auf dem Rückweg stecke ich die Karte in den Briefkasten. Sie wird Mutter und Vater zutiefst rühren. Ich bin dankbar, daß wir diese zusätzliche Qual vermeiden können.

20. Juli

Mir ist es ziemlich egal. Ich wundere mich aber doch, daß auch sonntags um sieben Uhr das Frühstück aufgetragen wird. Vielleicht brauchen alte Menschen nicht auszuschlafen. Sie gehen früh ins Bett. Ich bin enttäuscht. Mein Alter habe ich mir anders vorgestellt. Die Bewohner sicher auch. Annelie hat am Wochenende frei, und Maria löst mich ab. Erstmals allein, stehe ich zwischen Kannen und Geschirr. Jeder Bewohner hat sein Tablett mit besonderem Service und diversen Extras. Auch die Kaffeesorten sind verschieden. Ich plempere mutig drauflos und befördere eilig das Frühstück. Der Kaffee soll heiß sein. Forsch streiche ich den letzten Nagern die Rosinenbrote, da stürzt Sr. Gibfriede schwarzgewandet herein. Sie müßte eigentlich in der Kirche sein. Die ungewisse Versorgung ihrer Schützlinge stört ihre Andacht. Betont gleichgültig schlendert sie in die Zimmer. Mit erhobenem Becher kehrt sie summend zurück, schüttet ihn demonstrativ aus und füllt ihn neu. Sie hat einen Unzufriedenen gefunden und kann beruhigt gehen.

Ich wasche die Blechkannen ab und bringe sie mit dem Wagen in die Hauptküche. Ermunternd nickt man mir zu.

Sorgfältig richte ich mir in der Küchenecke das Frühstück. Ich kann so viel essen, wie ich will, ist in den Abzügen enthalten, und man gönnt es mir. Ich genieße den sonntäglichen Bohnenkaffee und öffne ein appetitliches Marmeladendöschen. Durch die offene Tür höre ich Schlurfen und Huschen. Geschirr klappert zart, begleitet von schwerem Atmen. Mir ist unheimlich. Ich weiß nicht, wie ich mich verhalten soll. Ich entscheide mich für den aktiven Schritt nach vorn. Auf meinen „Danke-schön"-Ruf drängen drei Augenpaare in Tischhöhe durch die Tür. Großäugig mustern sie mich, den gedeckten Tisch, den ganzen Raum. Sie scheinen mehr erwartet zu haben. Oder mein Wort hat zuviel versprochen. Ich will es halten, sie warten's nicht ab.

21. Juli

Nach dem Essen möchte Andi gleich ins Bett. Auf allgemeinen Wunsch lese ich vor. Georg murmelt ständig dazwischen: „Übermorgen werde ich entlassen." Andi und Roman betrachten ihn wütend. Ich freu' mich für Georg, mag es aber auch nicht hören. Ich ahne, Andi hat keine frische Unterwäsche an. Der Schrank ist leer. Die Schwester sagt, jeden Tag wird gewechselt. Sie fragt, ob ich hierbleibe, um das zu kontrollieren. Ich verspreche, morgen neue mitzubringen. Man braucht es mir nur zu sagen. Fünf Tage trägt Andi die gleichen Sachen, und die schmutzigen sind in der Wäscherei verschwunden. Schade, daß gerade uns das passiert. Das Kaufhaus hat noch auf. Es ist nicht einfach, reine Baumwollsachen zu bekommen. Bei Unterwäsche geht's noch, aber Strümpfe sind absolute Mischware. Die Verkäuferin findet es egal. Ist ja doch nur für die Füße. Aber für die knisternden Socken kann ich mich doch nicht entscheiden. Bei den Glückwunschkarten fällt mir Ullas Geburtstag ein. Habe ich völlig verschwitzt. Bernhard wird sicher an seine Schwester denken und was organisieren. Einen Bogen Geschenkpapier suche ich mir aus. Alles voller Gänseblümchen auf grüner Wiese. Die vorderen sind ganz verschwommen, wie durch tränenverhangenen Blick. Ich werde es mir übers Bett hängen.

Das Fahrrad muß ich noch vom Bahnhof abholen. Bernhard hat mir Andis Klapprad nachgeschickt. 7.– DM Leihgebühr sind auf die Dauer zuviel. Hoffentlich ist am geborgten noch alles heil. Ich bin viel damit gefahren und habe es oft beim Schwimmbad abgestellt. Mir passiert meistens was. Der gute Mann bei der Gepäckausgabe läßt das Rad ordentlich hüpfen. Ich bin froh, daß nichts abfällt, und er ist zufrieden. Mit Andis Geschenk zum achten Geburtstag übernehme ich ein ungewolltes Stück Seßhaftigkeit.

23. Juli

Telefonisch werde ich ins Büro gerufen. Sr. Gibfriede legt grübelnd den Hörer hin, und ich bin besorgt. Im Büro lehnt sich Frau Macher, die Verwaltungschefin, im Drehstuhl zurück. Sie freut sich, daß es mir im Heim gefällt. Man ist zufrieden mit mir. Meine Erleichterung krönt sie mit einem großen Postpaket. Ich schleppe es in mein Zimmer. Es paßt gerade auf den Tisch. Rechtzeitig merke ich, daß es für Andi ein Radio-Kassettenrecorder ist. Ullas Idee ist prima. Es wird ihn ablenken. Vorfreudig balanciere ich das Gerät auf dem Fahrrad. Andi ist überrascht. Richtig freuen kann er sich nicht. Zu Hause war es sein größter Wunsch, hier ist es ein klingendes Möbelstück. Er möchte sich nicht einrichten. Trotz Enttäuschung verstehe ich ihn. Andi mag nicht schreiben, es fällt ihm auch schwer. Mit Filzstiften ummalt er weinend meinen Dankesbrief. Die Hitze quält uns alle. Drückende Schwaden quellen durch das Fenster. Für neun Kinder sind drei Balkonliegen vorhanden. Jeden Mittag lautstarke Debatten um deren Besitz. Jeder will auf dem Balkon schlafen. Man braucht sich dort nicht auszuziehen und im Hof wird gebaggert. Ein Parkplatz soll entstehen. Andi war noch nie dran. Er gibt freiwillig auf. Hat auch Sorge, daß es ihm gefallen könnte. Ich handle mit den Kindern, frag' die Schwester. Andi hat das große Los der Woche. Glücklich ist er nicht. Ich bin niedergeschlagen. Die Zeit scheint nicht für uns zu arbeiten. Dafür kämpft die Krankheit in Andis Körper mit den Medikamenten. Ich sehe es förmlich. Er überläßt ihnen die Entscheidung, das ist schlimm.

Zwei Stunden bleiben mir bis zum Nachmittagsdienst. Ich hetze den nächsten Berg hinauf bis zu 1200 m Höhe. Die Anstrengung bin ich nicht gewöhnt, aber sie tut mir gut. Auf dem Grat beruhigen sich meine Gedanken, und beim Abstieg finde ich wieder zu mir und meiner Aufgabe.

25. Juli

Daß wir uns in einem beliebten Ferienort befinden, habe ich auf Quartiersuche gemerkt. Und die Hauptsaison hat mich fast verzweifeln lassen. Sr. Gibfriede versteht nicht, warum ich für Bernhards Besuch ein Doppelzimmer suche. Ich hätte doch mein Bett im Haus. Viele Mitfühlende haben sich eingesetzt und freuen sich mit mir, daß ich doch noch eine Unterkunft fand. Das Zimmer ist klein, mit Balkon zu den Bergen und dicht beim Altenheim. Bernhard ist pausenlos durchgefahren. Er wirkt gar nicht erschöpft. Ist genauso aufgeregt wie ich. Die Situation ist hemmend. Viele nicht miteinander verbrachte Stunden liegen zwischen uns. Sind wir uns nahgeblieben? Die gemeinsame Sorge haben wir nur gedanklich geteilt. Hat sie uns verbunden oder verändert? Läßt sie noch Platz füreinander und ist bereit zu gönnen? Die Tragik im Leben liefert das Verhalten nicht mit.

Lange sitzen wir auf dem Balkon. Vor uns bäumt sich die Natur gewaltig auf. Die Bergstationen blinken wie Sterne. Es ist ein Schauspiel, und wir sind begeistert. Erleichterung durchströmt uns. Wir können uns noch freuen und es uns eingestehen. Die Zwischenprüfung ist bestanden.

28. Juli

Bernhard ist niedergeschlagen. Er hat sich viel vorgenommen, kann mit Andi nichts anfangen. Sein Zustand entsetzt ihn, Andis Ausdruck wirkt fremd. Bernhard empfindet auch, die Station hat keine Atmosphäre. Andi braucht sie, besonders jetzt. Die Schwestern sind freundlich zu Bernhard. Er ist ein Mann und gedenkt nicht zu bleiben. Mit dem Auto zeigen wir Andi die Umgebung. Die Besuchszeit reicht nicht für Touren. In Lokale dürfen wir nicht. Die Ansteckungsgefahr ist zu groß. Wir sehen das ein, ist ja in unserem Interesse. Wir fahren zum Altenheim. Aussteigen möchte Andi nicht. Hinter den Fenstern bewegen sich die Gardinen. Eine Nonne steht mit ausgebreiteten Armen im Eingang. Andi schluchzt ängstlich, und Bernhard fährt los. Es ist ihnen lieber und mir auch.

Bis achtzehn Uhr habe ich noch Dienst. Frau Wagner sucht ihr Geschirr. Das wertvolle Geerbte ist ihr aus dem Zimmerschrank gestohlen worden. Sechs Gedecke vollständig. Sie weiß auch, wer es war, sagt es aber nicht. Ich werde zu dem Tatzimmer abkommandiert. Anfassen darf ich nichts. Frau Wagner nutzt meine Anwesenheit mit ihrer Lebensgeschichte. Der Diebstahl ist völlig unwichtig geworden. Sie will die Sachen auch gar nicht wiederhaben. Sie will nur aufmerksam machen, welche Zustände hier herrschen. Ihre Schwiegertochter war zu Besuch. Die Vermutung, daß sie das Geschirr mitgenommen hat, schwebt unbestätigt im Raum.

Ich kann mich dem Abendbrot zuwenden. Brotschneiden darf ich, zugucken und warten auch. Sr. Gibfriede weiß genau, was die Bewohner wünschen. Sie disponiert zwar oft um, ist sich aber sicher, den Geschmack genau zu treffen. Das Haus steht drei Jahre, so lange ist sie hier. Der Küchenzettel wird kaum variiert. Trotzdem ist das Verteilen eine Wissenschaft. Sr. Gibfriede haut Spiegeleier in die Pfanne. Sie weiß noch nicht für wen. Ihr Seufzen unterstreicht aber die Schwere ihres Amtes. Ich beginne meinen Lauf über die Flure. Beglücken kann ich die alten Leute kaum. Sie schnüffeln übers Tablett und dulden gerade das Hinstellen. Soviel Mühe und Gedanken. Zeit und Worte wären leichter verdaulich. Ich würde es anders machen. Bei dem Gedanken ertappe ich mich. Ich will hier ja gar nichts verändern, möchte nach Hause.

Bernhard hat liebevoll den Klapptisch gedeckt. Sein Warten lohnt sich. Mein mitgebrachtes Abendbrot ist äußerst reichhaltig. Meine Versorgung beruhigt ihn. Uns fällt ein, wir müssen noch eine Karte schreiben. In einer Woche wollten wir in Urlaub fahren. Hatten ein Häuschen am See gemietet und eigens ein Paddelboot gekauft. Das wird nun nichts. Hoffentlich glauben uns die Vermieter und finden noch Ersatz. Morgen habe ich meinen ersten freien Tag. Sr. Gibfriede bot ihn mir großzügig an.

Normalerweise braucht man ihn ja nicht, aber für meinen „Herrn Gemahl" sieht sie die Bitte ein.

29. Juli

Wir sind gewöhnt, früh aufzustehen. Die Nachbarn beim Frühstück kennen sich hier aus. Sie ersinnen immer neue Touren für uns und verlieren sich in Erinnerungen. Wir bleiben lieber in der Nähe. Möchten immer Andis Klinik sehen. Mit der Seilbahn fahren wir auf 1000 m Höhe. Ergriffen sehen wir in die Runde. Wir sind uns einig, dieser Tag hat ein Recht auf Freude. Die Berge weisen uns die Richtung, wir lassen uns überraschen. Der Steig scheint nicht beliebt zu sein. Aber er paßt zu uns. Voller Steine und gradlinig. Irgend etwas treibt uns. Verbissen schnaufen wir hintereinanderher. Machen erst auf 2000 m Pause. Die Klinik ist kleiner geworden, der Ort kriecht zusammen. Wir müssen höher, der Einfluß des Tales ist noch zu groß. Die Seilbahn surrt prallgefüllte Kabinen empor. Die Menschen leiden unter dem Höhenwechsel. Sie fallen auf die Terrassenliegen und ersehnen eine schnelle Talfahrt. Bei 2300 m ist unser Höhendrang befriedigt. Wir sind bange, die Klinik könnte in den Wolken verschwinden.

Bei einem Felsdurchgang weist ein Pfeil ins Tal. Weit und breit kein Mensch, nur gurgelnde Laute. Bernhard weiß, wo Wasser ist, müssen wir hin. Bis auf ein Minimum entblößen wir uns. Sieht mit meinen Wanderschuhen wenig zünftig aus. Bernhard findet sich mit Turnschuhen sportlicher. Wir müssen aufpassen. Die Bergwacht rettet Kletterer unseres Schlages ziemlich gefühllos. Zielstrebig hat es uns hinabgezogen. Plötzlich enden die Farbkleckse. Wohin entläßt uns der Markierer? Warum hat er aufgegeben? Rückzug ist Unsinn, Abstieg Wahnsinn. Wir haben keine Wahl. Geraten in die Hölle der Waghalsigkeit und Zermürbung. Mit gefährlicher Sicherheit, die Kindern und Betrunkenen eigen ist, erreichen wir das Tal. Die Zeit treibt uns und setzt Kraftreserven frei. Der Dauerlauf endet nach acht Stunden an der Klinik. Die Besuchszeit hat gerade begonnen. Im Herzen haben wir Andi mit uns getragen. Er hat es gemerkt.

30. Juli

Sr. Gibfriede und Maria hören erstaunt meinen Bericht. Annelie spürt nur die Dramatik. Sie sind sich einig, arbeiten ist gefahrloser. Frau Schützenberger ist umgezogen. Nach dem Tod ihres Mannes muß sie in ein Einzelzimmer. Sie kann sich von nichts trennen. Zwei Zimmer müssen eins möblieren. Der Sohn steht hilflos im Raum, und der Hausmeister schüttelt den Kopf. Er soll dübeln und hämmern, findet keinen freien Platz. Keiner will das Essen bringen. Ich werd's schon irgendwo abladen. Steige bedächtig über Gegenstände und finde eine Lücke. Blicke begleiten mich. Stoße mit dem Fuß gegen die Black & Decker, der Bohrer steckt im Zeh. Ich eile in die Küche, Blutstropfen hinterlassen meine Spur. Sr. Gibfriede schreit die Station zusammen und fällt vor mir auf die Knie. Ich denke, mein Fuß ist ab, und kämpfe mit nahender Ohnmacht. Der Hausmeister schiebt mich in den Aufzug. Er ist größer als dieser und füllt ihn fast aus. Eine seltene Erscheinung – und so vertrauenerweckend. Ich wünsche mir, er trägt mich. Seine Kraft scheint ihn zu hindern. Auf der Fahrt zum Krankenhaus redet er lieb auf mich ein. Ich habe das Bedürfnis, ihn zu trösten. Die Unfallstation stellt endlose Fragen. Wann, wo und ob geboren. Das Kreislaufmittel läßt mich durchhalten. Ich merke, mein Fall ist völlig undramatisch. Lohnt kaum das Verbinden. Der Verband ist trotzdem riesig. Selbst wenn die Wunde nicht wäre, ich könnte damit nicht gehen. Das Taxi bringt mich zum Altenheim. Ich hüpfe ins Büro und versetze Frau Macher in Schrecken. Man hat mich wohl abgeschrieben. Ich will nur sagen, daß nichts gebrochen ist, und morgen komme ich wieder. Für Kopf und Hände wird sich schon was finden. Bin froh, daß Bernhard da ist und Andi besucht. Die Sünde des Steilhangs ist gerächt worden. Es hätte schlimmer kommen können.

1. August

Wir haben uns beim Chefarzt angemeldet und für heute einen Termin bekommen. Diese Gelegenheit können alle Eltern nutzen. Privatpatienten gibt es nicht. Die Verrechnung interessiert nur die Verwaltung. Und die achtet darauf, daß alle zehn Tage bezahlt wird. Bei der Anmeldung wurde ich gefragt, ob der Chefarzt sich persönlich um das Kind kümmern solle. Ich fand das selbstverständlich und habe unterschrieben. Die Rechnung kommt extra. Andere Mütter legen keinen Wert darauf. Sie haben nach mehreren Aufenthalten erkannt, daß diese Besonderheit nichts bringt. Ich habe noch nicht genug Überblick. Mir tut es gut, wenn der Chefarzt Andi jeden Tag einmal über den Kopf streicht und nach seinem Ergehen fragt. Etwas zuwenig ist es mir allerdings auch. Der Chefarzt empfängt uns würdevoll. Man kann mit ihm reden. Auf seine Frage, wie wir Andi finden, plaudern wir munter drauflos. Eigentlich wollen wir es von ihm wissen, sagen es auch. Unsere Unzufriedenheit haben wir vor der Tür gelassen. Hier stört sie nur die gemeinsame Sorge um Andi. Er kennt die sehr seltene Krankheit, hat schon darüber geschrieben und sich viele Gedanken gemacht. Medikamente versucht er, Verlauf und Besserung sind nur vermutbar. Er kann uns wenig Hoffnung machen.

Für mein Hierbleiben zeigt er Verständnis, berichtet aber von negativen Erfahrungen. Wir glauben sie ihm. Auf der Straße fehlen uns die zusammenfassenden Worte. Das Unausgesprochene drängt sich vor. Wir können es nicht wegschieben.

3. August

Bernhard muß uns heute verlassen. Ich brauche erst mittags zum Dienst. Wir frühstücken nicht so ausgiebig wie geplant. Ich humple lieber noch mit Bernhard durch den Wald. Mit Andi fahren wir zu einem glasklaren See. All unsere Wehmut könnten wir in ihn versenken, man würde sie sehen. Ich hole gebratene Hähnchen, die Andi so mag. Auf einer Wiese zerlegen wir sie, und die Spaziergänger gucken. Wer ißt schon vormittags Geflügel. Andi darf nicht zuviel essen, sonst hat er mittags keinen Appetit. Dann gibt's Ärger in der Klinik. Bernhard muß sich für die Fahrt stärken, er braucht acht Stunden. Wir nagen bedrückt an den Knochen und wagen keinen Blick. Ich habe befürchtet, daß Andi mitwill. Bernhard hat sich auch drauf eingestellt. Es reichte nicht. Er wirft sich hinters Steuer und ist der einzige von uns, der nicht nach Hause möchte.

Ich bin Andi kein Trost. Ich bin ihm vertraut, und er braucht mich wie Essen und Trinken. Aber er weiß, ich bin hier genauso gefangen und mit seinem Bleiben verkettet. Bernhards Abschied hat angestrengt, er verbrauchte Substanz. Doch sein Ausharren zu Hause ist viel wichtiger als seine Nähe. Er bewahrt unser Heim und läßt uns ständig nach dem Ort unserer Sehnsucht blikken. Es ist nicht leicht für ihn, die Tür offenzuhalten.

5. August

Annelie ist krank. Irgendwas mit den Nieren. Sr. Gibfriede kann es nicht fassen und trägt den Untergang in alle Zimmer. Maria und ich gucken uns an. Wir werden den Laden schon schmeißen. Mittlerweile glaubt sie mir. Ich vermute, ihr schroffes Verhalten ist ein Mitbringsel aus unseligen Kindertagen. Ich sage ihr, daß ich mir Gedanken über sie mache. Sie strahlt mit großen Augen: „Jo, mei." Es ist bei ihr was verschüttet, wenn nicht gar bewußt vergraben, die Schlaueste ist sie sicher nicht. Man sieht ihr die fünfzig Jahre nicht an. Ein Mann ist noch nicht in ihre Nähe gekommen. Sie ist stolz, daß man es ahnt. Sie gibt nichts, sie nimmt nichts. Sie arbeitet, um zu leben, und umgekehrt. Ihr kugelrundes, rosiges Bauerngesicht verrät nichts als Mißtrauen und Demut. Vorschießende Aggressionen formen ihre Worte. Ich bin für sie was Besseres. Sie läßt es sich nicht ausreden. Trinkt ihren Kaffee nicht aus, weil ich mich erniedrigt habe, ihr nachzuschenken. Steht auf, wenn ich mich erhebe. Reißt mir den Mülleimer aus der Hand. Das macht keinen Spaß.

Wir putzen zusammen die Zimmer. Sie staunt, wie schnell ich arbeite. Ich sag', sie soll was tun, nicht nur staunen. Sie guckt erschreckend böse, ich hab' körperlich Angst. Dann wirkt die Therapie des offenen Wortes. Ihr dämmert, ich mein's gut mit ihr. Sie grient mich an, man hört richtig den Stein plumpsen. Sie hat leider noch viele davon, erheblich größere darunter. Maria ist langsam. Durch Körperfülle nicht besonders wendig, verringert sich ihr Tempo vorwiegend durch Schleichen. Ihre Speziali-

23

tät ist Anschleichen. Ich wundere mich, daß Sr. Gibfriede diese Vorliebe noch nicht beherzigt hat. Sie stellt ihr Gerede nicht drauf ein. Maria ertappt sie beim Petzen und Schlechtmachen zu jeder Zeit, auf sämtlichen Etagen und in entlegenen Nischen. Nie mildert sie ihren effektvollen Auftritt. Ein lautstarker Wortschwall mit gelegentlichen Handgreiflichkeiten endet stets unentschieden. Mir wächst eine Gänsehaut.

8. August

Andis Bett steht auf dem Flur. Die Zimmer werden neu gekalkt. Ich bin enttäuscht. Dachte, man würde die Investition mit Farbe krönen. Den Malern macht's auch keinen Spaß. Ich finde Andi im Nachbarzimmer. Dort kleben größere Jungen Plastikschiffe und Flugzeuge. Es ist kein Platz für diese Staubfänger. Kaum sind sie fertig, werden sie verschenkt. Andi reizt es nicht, er ekelt sich vor klebrigen Händen. Hat auch keine Ruhe zum Basteln. Die drei anderen Kinder seines Zimmers sind unterschiedlich alt. Jedes hat andere Interessen und beansprucht Platz am kleinen Tisch. Das Aufbauen lohnt nicht, ständig naht das Essen. Einen Aufenthaltsraum gibt es nicht. Spiele werden untereinander gehandelt oder getauscht. Die Station besitzt keine. Es ist eine allgemeinmedizinische. Die Kinder bleiben nie lange. Werden entweder wieder entlassen oder verlegt. Es deprimiert Andi zusätzlich.

Ich bin in Sorge wegen der verschiedensten Krankheiten, die sich um ihn scharen. Wegen seiner eigenen und der abwehrsenkenden Medikamente darf er keine Infektion bekommen. Das sagte man mir eindringlich. Ich habe keinen Einfluß darauf, das muß gläubig machen. Mein Vertrauen in die Schwestern züchte ich wie eine Pflanze. Es braucht nicht riesig zu werden, wenn es nur anwächst. Bis auf die junge Stationsschwester sind alle Schwesternschülerinnen keine Bezugspersonen. Sie haben Kinder gerne, doch die Ausbildung läßt ihnen kaum Zeit zum Kontakt. Sie wechseln ständig und arbeiten nach der Uhr. Ich verstehe sie gut, kann mich in ihre Lage versetzen. Sie versuchen's bei meinen Mutterproblemen, ihnen fehlt die eigene Erfahrung.

9. August

Wieder ein Wochenende. Im Altenheim ändert sich dadurch nicht viel. Nur das Putzen fällt weg. Maria und ich erscheinen gleichzeitig zum Dienst. Ich verstehe das nicht. Habe mich freiwillig angeboten, bin froh, daß ich arbeiten kann. Denke, den anderen damit freie Stunden zu schaffen. Der Sommer ist dieses Jahr besonders schön. Die Umgebung bietet soviel. Leider kann Maria mit der Natur nichts anfangen. Sie fürchtet sich in ihr. Für Bergfahrten ist ihr das Geld zu schade. Ich will sie mal mitnehmen. Es wird allerdings schwierig sein bei der Diensteinteilung. In der Küchenschublade liegt ein Kalender. Sr. Gibfriede soll alle Arbeitsstunden eintragen und auf vierzig Stunden pro Woche achten. Sie tut es nicht. Arbeitnehmergesetze sind ihr fremd. Die Fehlplanung liegt nicht nur an mangelnder Organisation. Sie hat gern alle um sich und beansprucht selber kaum Freizeit. Ich finde diesen Zustand unerträglich. Wir reißen uns die Arbeit aus der Hand und atmen dicke Luft. Maria hat seit Wochen keine freien Tage. Sie fragt nicht, hat es aufgegeben. Sie wurde nur vertröstet und hoffte wenigstens auf Lob für ihr Durchhalten. Sie ist nur „die Maria" und hat erkannt, daß man sie ausnutzt. Vielleicht war es nicht richtig, sie aufzuwecken. Aber sie hat auch ein Recht auf Achtung. Dazu muß sie ihre Persönlichkeit bejahen. Es fällt ihr schwer, sie hat es nie gelernt.

Sr. Gibfriede meidet Diskussionen. Sie hat ein Gespür für grundlegende Themen, die ihrer Phantasie nicht bedürfen. Ihre Entscheidungspflicht ist vorgeschrieben. Wir müssen ihr helfen, sie mitzutragen. Ich gebe Maria frei. Ich bin ja da. Sie hat nichts zu befürchten, kann sich auf mich verlassen. Mit verkrampftem „Jo mei" geht sie. Die verdiente Ruhe wird sie nicht finden. Schade! Sr. Gibfriede ruft mich, zum Glück nicht Maria. Sie wäre zurückgekommen. Sr. Gibfriede zerrt mich in Frau Hasselmanns Zimmer und deutet ins bekleckerte Bad. Frau Hasselmann sitzt verschreckt im Sessel. Die Hose hängt noch an den Knien, sie tut mir leid. Ich will das Verschmierte beseitigen. Sr. Gibfriede hindert mich massiv. Man glaubt ihr die Mühe mit den Verwirrten viel zu wenig. Sie will es allen Ungläubigen zeigen. Sr. Gibfriede weiß, daß dies nicht richtig ist. Aber sie leidet wie Maria unter fehlender Anerkennung. Die Beichte löscht die Fehlschritte. Frau Hasselmann bleibt die Angst vor sich selbst.

10. August

Ich habe das Frühstück ausgeteilt. Es macht mir richtig Spaß. Fröhliche Stimmen begleiten mich und beleben die ganze Etage. Nur Frau Schützenberger bedarf der Ruhe. Ihr Zimmer muß als einziges mit Schlüssel geöffnet werden, um leise eine Thermoskanne herauszuholen. Diese wird extra mit Tee gefüllt und auf besonders liebevoll gerichtetem Tablett ins dunkle Zimmer gestellt. Mir macht es nichts aus. Nur die Extrawurst stört mich. Die Begründung leuchtet nicht ein. Ihr Mann war mittlerer Beamter, und der Sohn ist bei der Zeitung. Die Befürchtung, er könne das Heim schlecht beschreiben, läßt alle die Augen zudrücken. Der Ruf der gleichen Behandlung variiert intern. Das Essen ist ausgezeichnet, die Behandlung gutwillig. Man hat nichts zu befürchten. Frau Schützenberger genießt Bevorzugung, ohne sie zu ahnen. Die Nachbarbewohner erfüllt Mißgunst, dem Personal ist es peinlich. Sr. Gibfriede liebt den Unterschied. Es bedeutet für sie Vielseitigkeit. Ihre Gefühle kann sie ebensowenig gerecht verteilen wie eine Lehrerin unter Schülern. Die reifen Schützlinge wehren sich nicht. Sie sind es so gewöhnt, empfinden die individuelle Bewertung ihrer Person als Aufmerksamkeit. Es beruhigt sie, man braucht sich nicht umzustellen. Der Neid gehört zu ihrem Leben, ohne sie süchtig zu machen.

Frau Hirsch und Frau Fischer bewohnen ein Zimmer. Sie waren ihr Leben lang Mädchen für alles. Das Alter bringt ihnen mehr Beachtung als alle Arbeitsjahre. Es ist ihnen zuviel. Sie fühlen sich nicht wert, daß man sich so um sie kümmert. Das Essen ist ihnen zu reichlich. Sie bewahren es auf. Im gestifteten Nachttisch hat alles Platz. Weggeworfen wird nichts. Vom Flur riecht man's. Als wäre das Zimmer mit ranzigem Butterpapier ausgelegt. Ich kann nicht schnüffeln. Die Leute haben kaum noch Intimitäten. Sr. Gibfriede übernimmt den Fall. Sie schubst die Frauen beiseite und durchstöbert die Schränke. Sie wird fündig und wettert. Die Sünder werden sich nicht mehr ändern. Die Lebensschule hat ausgelehrt.

11. August

Resi arbeitet wieder. Sie war krank und anschließend in Kur. Ich habe sie mir jünger vorgestellt. Sie hat Temperament und Humor, kann zupacken und schaffen. Die wachen Augen sind anderen mitdenkend zugewandt. Ihre Stimme ist laut und ihr Lachen ansteckend. Jetzt merke ich, sie hat mir gefehlt. Resi verschwindet gleich im Bad. Läßt Wasser einlaufen und hebt die Omas in die Wanne. Sie macht es fachmännisch unter hellhörigem Palaver. Abgeschrubbt, mit frisch gewaschenen Haaren schlurfen die Gebadeten wie Kurgäste in ihre Zimmer. Resis Service endet erst bei vollendeter Schönheit. Sie dreht Locken, Knoten und versucht Neues. Sie ist ein Mimensch, der aus dem vollen schöpft, um anderen zu geben. Sie besitzt eine innere Urkraft, die sich selbst erneuert. Das Leben war nicht sanft zu ihr. Es hat sie zu diesem Menschen gemacht. Ein kranker Mann und zwei verheiratete Kinder sind ihr Inhalt. Fremde Schicksale schließt sie mit ein. Trotz wienerischem Dialekt sprechen wir beide die gleiche Sprache. In ihrer Abwesenheit ist viel liegengeblieben. Die Betten müssen bezogen werden. Die Gardinen rutschen von den Schienen. Sr. Gibfriede ist nicht so wohl wie mir. Marias Fehlen und meine Begründung hat sie wortlos geschluckt. Nach tiefem Seufzer murmelt sie ihre Lebensgeschichte. Sie endet mit der Befürchtung, daß sie nun wohl ausgebootet wird. Das will keiner. Ich nehme sie in den Arm, es verunsichert sie noch mehr. Karrieredenken existiert hier nicht, nur Platzbehauptung. Ein festes Gefüge mit Langzeitcharakter. Der Geruch von Endstation haftet auch am Personal. Die Uhr zeigt nicht nur die Dienststunden. Die Lebensuhr tickt unaufhaltsam.

13. August

Andi schaut den Flur entlang. Er befürchtet, eine Schwester könne mich aufhalten. Seine Haare sind noch feucht. Er war im Bewegungsbad. Mit anderen Kindern zusammen hat er Übungen gemacht. Im kleinen Becken an der Stange. Er hat versucht zu schwimmen, ist untergegangen. Die Arme kann er nicht strekken, und zum Hochdrücken fehlt ihm die Kraft. Das entsetzt ihn sehr. Auf seiner Badehose prangen die Abzeichen. Mit sieben Jahren hatte er schon den Jugendschwimmer. Die anderen glauben es nicht. Nun glaubt er selber nicht mehr dran. Tröstende Worte erreichen ihn nicht. Nur Schweigen baut die Brücke, über die er langsam zu mir kommt. Ich kenne dieses Kind nicht wieder. Die Krankheit hat ihn verändert. Ablehnende Resignation macht ihn unnahbar. Alte Riten und alltägliche Codes sind ihm entfallen, sagen nichts mehr. Die Verbindung stellt ein langes Versuchsband mit Undefinierbarem her. Die Leitung ist unberechenbar, oft gestört, meist überfordert. Ich bin versucht, mich anzupassen, mich darauf einzustellen. Ich glaube aber, ich darf mich nicht verändern, muß so bleiben, damit er mich findet.

Zur Gymnastik muß er in den Turnsaal. Der Weg dorthin ist lang für ihn. Wird noch länger durch die erwartete Tortur. Die Bewegung sämtlicher Gelenke und Muskeln muß sein. Die Gymnastinnen könnten durch Zuwendung und Verständnis die Schmerzen lindern. Andi fürchtet sich vor ihnen. Die „Folterkammer" bedrängt ihn Tag und Nacht. Zweimal täglich steht sie auf dem Plan. Tränen verschmieren die Matten und Geräte. Unterdrückte Schreie verzerren die Gesichter der Geplagten. Die Gemeinschaft tröstet nicht, macht nicht stark. Bildet eine schwache Masse. Das schlimmste Drama spielt sich freitags bei der allgemeinen Gymnastik ab. Andi ist kaum in der Lage, die Grundstellung einzunehmen. Er soll sich auf die Matte setzen, kommt nicht 'runter. Läßt sich einfach fallen. Bleibt voller Schmerzen und Schreck liegen, kommt nicht mehr hoch. Die anderen machen Kerze und versuchen Brücke. Andi stört den Ablauf. Hilfesuchend sendet er Blicke aus. Nur sich aus dieser Lage befreien. Wegsein. Er gibt auf. Die Anspannung geht in verzweifeltes Hängenlassen über. Die Gymnastinnen sind über seine

Krankheit nicht informiert, würden sie auch nicht kennen. Sie haben ihre Anordnung und betreiben deren Erfüllung. Alle Kinder können sie sowieso nicht schaffen. Andi kommt zweimal dran, das ist eine Ausnahme. Ich bin auch dankbar, weiß nicht recht wofür. Fürchte mich mit Andi vor Freitag.

14. August

Frau Musche hat sich im Altenheim verlaufen. Um sieben Uhr früh ist sie nicht mit den anderen von der Kirche gekommen. Sie wollte die Treppen gehen, nicht mit dem Aufzug fahren. Auf dem ersten Stock fängt man sie ein und zeigt ihr die Richtung. Das Frühstück steht schon in ihrem Zimmer. Ein Becher mit eingeweichten Rosinenbrotstücken, ein Becher mit Milchkaffee. Sie schafft nicht alles, schüttet den Rest ins Klo. Sie will Ärger vermeiden und eigene Qual ersparen. Es nützt nichts. Sr. Gibfriede untersucht die Becher und kommt dem Verbrechen auf die Spur. „Musche" ist ihr spezieller Fall. Paradebeispiel für alles. Frau Musche ist eine liebe, bescheidene Dame. Sie spricht kaum, will alles recht machen. Schafft es nicht, dämmert resigniert dahin. Beim Frühstück im Nonnenrefektorium erfährt Sr. Gibfriede von Frau Musches morgendlichem Irrweg. Sie stürmt über den Gang, überfällt „Musche" mit Vorwürfen und schließt die Tür ab. Der Schlüssel sinkt in unergründliche Tiefen ihres Faltenwurfs. Frau Musche trommelt stundenlang mit nachlassender Intensität an die Tür. Die Bewohner kennen diese Laute schon. Sie mucksen sich nicht. Fühlen sich schuldig an Frau Musches Alleingang, fürchten eigene Einsperrung. Ich spüre einen Kloß im Hals und will die Tür öffnen. Sr. Gibfriede entreißt mir den Universalschlüssel. Sie gestikuliert wild. Das Unrecht läßt ihr keine Zeit für überzeugende Argumente. Sie will keinem was. Sie glaubt es selbst, wenn sie es sagt. Die Verantwortung für die Menschen und das Vertrauen der Angehörigen sind zuviel. Lange Jahre hat sie im Krankenhaus unter einer Leitung gearbeitet. Nach einer Herzoperation hätte sie ihr Altenteil verdient. Ins Mutterhaus wollte sie nicht. Sie möchte noch was tun und Menschen unter sich haben. Sie zu leiten ist ihr nicht gegeben.

Der Ruf nach Höherem, den sie hört, belastet fröhliche Zusammenarbeit. Sie hat ein sonniges Gemüt, manchmal zu arglos. Sie hofft, ihr Alter schütze vor genauem Hinsehen. Sie tut mir leid. Zwiespältigkeit läßt sie nicht zu sich finden. Macht ihre Aktionen furchterregend, ihre ständige Nächstenliebe aufdrängend. Ihre eigene Unzufriedenheit füllt sie auf die Teller. Das Wohlbefinden ihrer Schützlinge muß ins Auge fallen. Der Körper ist das Markenzeichen ihrer Güte. Ich habe auch schon tüchtig zugenommen. Hoffentlich nicht auf Kosten der Seele. Fünf Wochen arbeite ich schon hier, allzulang darf's nicht werden.

17. August

Andi hat eine Kassette bekommen. Ulla hat sie geschickt und viel dazu geschrieben. Sie hat sich Gedanken gemacht. Andi hat dafür keinen Nerv und wehrt schluchzend ab. Er duldet gerade das Vorlesen. Die Kinderlieder auf dem Band langweilen ihn, er wartet die folgenden Witze nicht ab. Ausfahren ist das einzige Lockmittel. Der Ort reizt heute nicht, die Geschäfte sind zu. Am Nebenbahnhof steht ein Pommes-frites-Automat. Appetit hat Andi nicht, aber das Essen macht Spaß. Der Kioskbesitzer kennt uns schon. Er reicht mir den Stapel Comic-Hefte durchs Fenster. Andi sitzt im Rollstuhl und kann sie in Ruhe ansehen. Das Auswählen fällt schwer. Bei der Telefonzelle helfe ich Andi hoch. Wir wollen Ulla anrufen, sie soll mal seine Stimme hören. Ihre rührende Sorge muß belohnt werden. Andi piepst weinerliche Antworten in die Leitung. Ich vermute, sie werden die Sorge nicht verringern. Ulla will ihn besuchen, er möchte es nicht. Hat Angst vor der Freude, dem Abschied, dem Zurückgelassenwerden. Sie soll warten, bis er selber kommt. Er hofft, sie tut es, dann weiß er, es dauert nicht mehr lange. Er will nichts als nach Hause. Der Wunsch dröhnt als Echo in mir. Er ist so einfach, aber die Erfüllung unabsehbar.

Von mittags bis abends habe ich Dienst. Meine Aufgabe wächst, macht mich aktiv. Ablenken kann sie nur oberflächlich, ich wehre mich aber nicht. Gebe mich den Ereignissen hin, bearbeite sie bewußt. Eine Frage läßt mich heute nicht los. Auch das

Spülen bringt keine Klarheit. Warum schreibt Ulla nur Andi und mir nicht? Ich antworte, keine Resonanz. Schwiegermutti war vierzehn Tage mit Besuch in unserer Wohnung. Sie haben Bernhard verwöhnt und Tapetenwechsel genossen. Wir können was bieten. Schwimmbad und Blaubeerwald in Sichtweite. Ich habe mich für sie gefreut, schriftlich und telefonisch ausgedrückt. Auf ihre Grüße warte ich vergeblich. Ich kann ohne sie leben, habe nur Sorge um die Harmonie, aus der in meiner Vorstellung mein Zuhause besteht. Ich brauche das Wissen ihrer Tragfähigkeit. Wittere ein Loch in der Belastbarkeit und suche es verzweifelt. Ich würde es gerne mit allen Zusagen des Entgegenkommens stopfen, finde es aber nicht.

Auf ihren Wunsch waren wir zweimal mit Andi bei ihrem Homöopathen. Ulla und Omi schwören auf ihn. Er hatte Andis Krankheit nicht erkannt. Sind sie nun böse, weil wir anderen Ärzten vertrauten? Ich denke, es erleichtert sie, mich in Andis Nähe zu wissen. Vielleicht glauben sie, ich brauchte keinen Zuspruch, vertrauen meiner Lebensfreude. Vielleicht warten sie auch auf einen Hilferuf. Oder ihnen fehlen aufmunternde Worte, sie brauchen sie selber. Denken sie überhaupt an mich? Der gemeinsamen Sorge um Andi bin ich sicher. Das ist die Hauptsache!

18. August

Sr. Gibfriede hat Urlaub. Drei Wochen darf sie ausspannen, kann andere Menschen und Orte sehen. Sie braucht nicht ins Mutterhaus, will ihre Geschwister besuchen. Der Bruder ist gelähmt und wird von ihrer kranken Schwester versorgt. Dort wird sie nicht viel Freude finden. Vielleicht hält Gott noch eine Überraschung für sie bereit. Wir gönnen es ihr alle. Resi und ich besprechen beim Frühstück den Dienstplan. Es dauert lange, uns fällt ständig was Lustiges ein. Sogar Maria steckt die Heiterkeit an. Wir wollen in diesen drei Wochen die alten Menschen aufmöbeln. Ihnen Interesse für irgend etwas entlocken. Sie dem Leben zurückerobern. In den Kalender notieren wir genaue Arbeitseinteilung. Auf Wunsch schieben wir freie Tage ein. Die erste Woche steht, und alle lachen begeistert. Was das wohl gibt! Die Unternehmungslust und Arbeitsfreude sind rapide angestiegen. Fröhlich schwärmen wir aus. Maria traut dem Braten nicht. Die Eigenverantwortung muß sie erst schlucken, um sie verdauen zu können. Wir unterhalten uns beim Arbeiten, rufen uns etwas zu. Sogar die Omas nehmen daran teil. Und auch Maria kann sich das Anschleichen sparen. Frau Habeners Zimmer ist heute dran. Sie ist eine unkomplizierte Frau. Fährt jeden Tag zu einem See, badet und pflegt ihre Bräune. Auch auf die Linie achtet sie und wäscht ihre schwarze Unterwäsche selbst. Drohende Blindheit fördert ihre Aktivität und schärft ihren Sinn für alles, was außerhalb des Heimes liegt. Was ihr bleibt, weiß sie. Sie ist die einzige, die sich mit keinem Zustand zufriedengibt, sich nichts vormachen läßt, ihr Leben weiterlebt; die Bedürfnisse hat und sich dazu bekennt. Aber sie gibt diesen Impuls nicht weiter, kann ihre Altersgenossen nicht beeinflussen. Sie kommt nur zum Schlafen ins Heim und redet mit achtzig Jahren ziemlich unbeteiligt übers Alter. Es betrifft sie nicht. Ihr Zimmer ist mit einem lustigen Haufen nicht zusammenpassender Möbel eingerichtet. Den Boden betupfen verlorene Sachen. Sie geht, läßt uns in Ruhe walten und freut sich, wenn sie Ordnung vorfindet. Frau Habener ist nicht besonders glücklich. Sie hat sich nur auf ihre Zukunft vorbereitet. Die Ernüchterung und Planung hat bei ihr rechtzeitig eingesetzt. Früh genug, um dem Alter den Stachel zu nehmen.

20. August

Resi verteilt das Mittagessen in rasantem Tempo. Wir arbeiten Hand in Hand. Maria füllt Dessertteller, ich lege Salat auf die Platten. Wir brauchen nicht einzeln zu laufen. Packen den Wagen voll, rattern über den Gang. Alle Bewohner können gleichzeitig essen. Das schmutzige Geschirr kann in einem Gang geholt werden. Der Zeitgewinn ist enorm. Ich kann austeilen und sogar noch essen, bevor ich zu Andi fahre. Auf dem Weg zur Klinik kaufe ich Saft im Reformhaus. Andi mag ihn nicht. Von Medikamenten hat er genug, und dieser Saft schmeckt danach. Bildet er sich ein. Im Keller steht ein Getränkeautomat. Für fünfzig Pfennig einmal Limonade. Ich stecke das Geld in den Schlitz und ziehe eine Flasche. Sie ist leer, genau wie die anderen. Kinder haben alle Fächer damit bestückt. Vom Geld haben sie nichts, aber der Spaß reicht mindestens für einen Tag. Ich spiele mit den Kindern in Andis Zimmer. Er hat es gern, spielt aber nicht mit. Er hat Lust zum Nichtstun und noch nicht mal das. Seine Apathie ist ihm zum Heulen. Der Chefarzt begrüßt ihn und mich. Die Blutwerte sind dem Krankheitsverlauf entsprechend, die Medikamente sehr belastend und verfälschen die Bewertung. Wir müssen abwarten. Ich bitte um die Verlegung in den Neubau. Dort ist man auf Langzeit eingerichtet. Alle Kinder sind behindert, haben Verständnis füreinander, können sich anfreunden. Die Atmosphäre scheint auch wohnlicher. Der Chefarzt wundert sich über diese Bitte. Er will es sich überlegen. Andi guckt interessiert zum Neubau hinüber. Überlegt, auf welche Station er wohl kommen würde. Er kennt schon viele Kinder von dort vom Turnsaal und Bewegungsbad her. Ich bin erleichtert. Ein Funken Lebenswille ist noch vorhanden. Die Verlegung scheint ihm eine Etappe auf dem Weg nach Hause zu bedeuten. Er hat recht. Ich will es auch so sehen.

23. August

Frau Hasselmann darf unter unserer Regie ausschlafen. Sie braucht auch nicht alles aufzuessen. Sitzt ja den ganzen Tag im Sessel, die Röcke platzen schon. Sie spielt beim Essen gern mit Dominosteinen. Ich stelle ihr den Karton und die Kiste mit Bildern hin. Die Fotos erfreuen sie immer wieder neu. Ihre Verwandten kommen ihr bekannt vor, ihren Mann erkennt sie nicht. Wenn wir auf jemand deuten, ist sie sich ganz sicher und fragt, woher wir ihn kennen. Ich hefte die Serviette mit der Klammer fest und gebe ihr den Löffel in die Hand. Zwischendurch guckt eine von uns zu ihr rein. Sie freut sich und zeigt strahlend ein Bild. Der Mund ist voll, der Teller fast leer. Experiment gelungen. Wir sagen es Frau Hasselmann. Sie hat einen besonders lichten Moment und überrascht uns: „Na klar kann ich alleine essen, bin doch nich doof." Sr. Gibfriede hat bisher viel Zeit mit ihr verbracht. Hat vor ihr gekniet und sie gefüttert. Die Angehörigen sind des Lobes voll. Aber Frau Hasselmann bekommt die Hetze des Essens nicht, die Menge ist auch zuviel. Resi führt sie über den Flur und hakt sie bei Frau Kreis ein. Sie sollen einen Spaziergang machen. Ums Haus herum. Frau Kreis ist bei sommerlicher Hitze wie zur Unwetterwanderung ausgerüstet. Frau Hasselmann keucht und stöhnt. Allein der Fahrstuhl versetzt sie schon in Schrecken. Durchs Fenster beobachten wir die beiden. Frau Hasselmann stolpert neben Frau Kreis her. Diese strebt vorwärts, Frau Hasselmann zieht zurück. Sie guckt sich ständig um. Glaubt, man verfolgt sie. Nach der dritten Runde lustwandeln die Damen und unterhalten sich. Der Versuch ist von Erfolg gekrönt. Frau Hasselmann wird das Essen schmecken. Ich berichte Andi von diesem Unternehmen. Dabei fällt mir auf, wie sehr sich die Stationen ähneln. Auch in der Klinik warten die Kinder darauf, an die Hand genommen zu werden.

25. August

An der Klinikpforte kennen sie mich schon. Bin Bestandteil ihres Arbeitstages geworden. Sie lassen mich als einzige etwas früher rein. Ich kenne mich aus. Sie wissen, daß ich artig vor der Stationstür warte, bis man sie öffnet. Die Kinder drängeln sich hinter der Glastür, quetschen ihre Gesichter an die Scheibe. Die Kleineren schaukeln von einem Bein aufs andere. Strecken die Ärmchen nach mir aus, rufen „Mama". Ich bin ihnen vertraut, darf sie auf den Arm nehmen, muß Spielsachen angucken. Die Eltern brauchen Tage dazu. Ich spreche mit der Stationsschwester darüber. Berichte von unserem Vorhaben, ein Kind zu adoptieren. Die Genehmigung haben wir, ein Kind fehlt. Schwester Renate hat vorher in einem Waisenhaus gearbeitet, könnte uns ein Kind vermitteln. Erzählt, daß auch manchmal hier ein Patient nicht abgeholt wird. Ich könnte mich sofort entscheiden. Aber Andi ist im Moment wichtiger. Er braucht unsere ganze Zeit und Fürsorge. Vielleicht können wir später darauf zurückkommen. Die größeren Kinder huschen über den Gang. Haben mich entdeckt und rufen Andi. Näherkommend schielen sie nach meinen Taschen. Ich zwinkere ihnen zu, habe sie nicht vergessen. Ihr täglicher Wunschzettel ist mir eine freudige Pflicht. Geld haben sie genug, können nichts damit anfangen. Sie spielen schon um Geld. Bei der Bank muß ich Ein-Pfennig-Rollen holen. Sogar Andi reizt das Glücksspiel mit den Kupferstücken. Aber lange hält es allgemein nicht an, obgleich die Ferien ihnen viel Zeit lassen. Sie langweilen sich jeden Tag mehr. Außer Anwendungen und Essen haben sie keine Termine, keine Höhepunkte.

Tante Tilla kommt ab und zu auf die Station. Sie ist eine ehrenamtliche Mutter. An einem Nachmittag durchspielt sie alle Zimmer. Besser als gar nichts. Die Kinder warten auf sie und hängen an ihr. Der Stationsarzt informiert mich, Andi wird am 8. September verlegt. In den Neubau auf Station II. Ich bin sehr froh, frage nach seinem Eindruck von Andi. Er guckt in die Tabelle, nennt mir Werte, verweist auf die Auskünfte des Chefarztes. Ihn interessiert, ob ich noch länger hierbleibe. Ich erzähle von meiner Arbeit und dem Bedürfnis, in Andis Nähe zu sein. Seine Erfahrung: „Sie glauben gar nicht, wie schnell Kinder ihre Eltern vergessen", soll mich tröstend auf die Reise schicken. Sie trifft mich und macht mich sprachlos. Dann versuche ich, ihn zu beruhigen. Andis Einleben möchte ich keineswegs behindern, aber das Vergessenwerden auf jeden Fall vermeiden. Nachdenklich löse ich die schaukelnden Kleinen von mir. Gehe zu Andi, der mir lächelnd entgegensieht. Heiß durchglüht es mich. Was für ein Anblick! Der Verlegungstermin hat ihn belebt. Er überlegt und plant. Ob er mit Roman zusammenliegen wird? Der ist auch dorthin gekommen. Ob es dort einen Aufenthaltsraum gibt? Ob die Treppen nicht so steil sind? Was Vati wohl sagen wird. Wenn er kommt, muß er ihn suchen. Andi ist enttäuscht, daß Vati erst nächstes Wochenende wieder hier ist. Fünf Wochen müssen wir aufeinander warten. Wir wollen das Ferienende umgehen. Die Entfernung ist so groß, das Fahrrisiko muß verringert werden. Jetzt paßt der Termin sogar. Bernhard kann Andi beim Umzug auf die neue Station helfen. Das stellen wir uns lebhaft vor. Unser Tag ist voller Sonnenschein. Draußen regnet es in Strömen.

26. August

Der gestrige Tag stärkt meine Hoffnung. Andis tränenloser Abschied war wunderbar. Auch heute wirkt er noch taufrisch in mir. Ich habe zum erstenmal durchgeschlafen und bin rundum zufrieden aufgewacht. Welch ein Gefühl – das man jahrelang unbeachtet beanspruchte. Beim Anziehen blicke ich stolz auf meine Fleißarbeit. Gestern abend hatte ich mich spontan 'rangesetzt, sie in einem Rutsch fertiggeschrieben. Zu Hause war ich mitten in der Ausbildung zum Schwimmlehrer. Die praktische Prüfung hatte ich schon absolviert. Die große schriftliche Arbeit war nun dran. Eigentlich wollte ich aufgeben. Gestern durchschoß mich die Dringlichkeit weiterzumachen. Andi muß merken, daß sich durch seine Krankheit nichts ändert, ich nicht passe. Daß ich diese Station nur als Zwischenphase betrachte. Daß es für uns auch eine Zukunft gibt, ich fest daran glaube. Mit dieser Schwimmarbeit kann ich's ihm beweisen. Ich berichte Andi von meiner abendlichen Leistung. Er sagt „toll", meint es aber nicht. Mein Gedankengang ist ihm noch nicht gegenwärtig. Er mag sich eher abwertend fragen, was ich für Sorgen habe, worüber ich mich freuen kann. Ich seh's an seinem ernsten Blick. Aber plötzlich ahne ich auch, er betrachtet mich zum erstenmal seit langem bewußt und interessiert. Er läßt mich aus der Verschwommenheit des Selbstverständlichen heraustreten. Andi erkennt mich. Langsam schiebt er sich auf meinen Schoß und läßt sich wortlos wiegen. Tränen tropfen auf sein Haar, und glücklich lächele ich den gebannt in der Tür stehenden Kindern zu. Vor der Klinik bleibe ich stehen, hole tief Luft und bin sehr dankbar für die intensiven Minuten mit meinem Jungen. Zwei Stunden habe ich noch frei. Überraschend kommt mir der Gedanke, einen Friseur zu suchen. Bernhard hat mir bisher die Haare geschnitten. Nun habe ich sie selbst schon mit der Nagelschere gekürzt. So kann ich nicht bleiben. Mich bedrängt Angst, Andis erwachtes Interesse für mich zu enttäuschen. Er ist sehr kritisch. Ich muß was tun, auf mich achten. Muß auch versuchen, meinen dramatischen Einstand in der Klinik durch Gepflegtheit abzubauen. Ich entdecke einen Laden, der sich Coiffeur nennt. Der Meister springt mir persönlich entgegen. Wirft galant das

Tuch um mich und streut französische Brocken in sein Gerede. Schnell entlockt er mir, daß ich im Ort arbeite. Es enttäuscht ihn, er plant um. Für mich reicht das Urbayerisch. An meinem Kopf tobt er sich aus. Stürzt sich über mich, bückt sich, hüpft um mich herum. Ich mache die Augen zu. Werde ihn kaum bremsen können. Extravaganzen sind bei meinem Haar nicht drin. Der Friseur arbeitet so wild, als wühle er in einer Mähne. Er scheint sie nicht zu schneiden, sondern zu vermehren. In Gedanken trage ich schon Mützen und Tücher. Rechne aus, wie lange ich mich tarnen muß. Mit beiden Händen rückt er mein Gesicht ruckartig in Richtung Spiegel, fragt außer Atem:

„Naaaa?" Ich öffne die Augen, erkenne die Realität. Der Kopf ist noch kleiner geworden, Haare bedecken ihn spärlich. Aber der Pony lenkt enorm ab, zieht den Blick auf sich. An einer Seite beginnt er beim Haaransatz, macht einen Schlenker, um auf der anderen Seite fast das Auge zu verdecken. Mit der Mutprobe läßt mich der Künstler allein, um Fotoapparat samt Stativ anzuschleppen. Ich bin auch überzeugt, dieses Ergebnis ist ein Bild wert. Er hängt sehr daran, bespricht es bis zur Tür. Ich schwinge mich aufs Rad. Der Fahrtwind zerzaust das Modellierte, doch der Pony bleibt schief. Ich werd's mit Humor tragen.

28. August

Resi lacht lauthals bei meinem Anblick. Maria rollt die Augen, sagt was Nettes. Wir einigen uns, daß ich damit arbeiten kann. Herr Humann ist der einzige Herr auf unserer Etage. Dank meiner eigenwilligen Haarform entreißt er sich der Versunkenheit. Sein verwundertes „Nanu?" leitet eines der zwischen uns seltenen Gespräche ein. Er ist ein typischer Beamter. Ist zufrieden und fügt sich allen Anordnungen. Höhen und Tiefen können ihn nicht überraschen. Er hat sie vorausplanend bedacht. Den Tag verbringt er im abgewetzten Sessel. Die Pfeife brennt ständig, beansprucht seine ganze Aufmerksamkeit. Er liebt nur noch die Ruhe. Seine Außenwelt ist das Radio. Er kann sie nach Bedarf abstellen. Die Nachbarn kennen ihn nicht. Nie geht er auf den Flur. Ich frage Herrn Humann nach dem Grund. Abwinkend brummelt er: „Da sind ja doch nur alte Leute." Ich staune und stelle fest, daß alles relativ ist. Herr Humann ist vierundneunzig Jahre alt. Die Damen um ihn über siebzig. Junges Blut umwohnt ihn also. Diese Eröffnung bringt ihn tatsächlich zum Lachen. Wir albern beide, bis er fragt, wer ich eigentlich bin. Sieben Wochen arbeite ich nun schon hier, betreue ihn täglich. Erst heute trat ich in sein Leben.

Burgi ist gekommen, um uns zu helfen. Sie will Kindergärtnerin werden und verdient sich hier in den Ferien Geld. Man kennt sie schon und freut sich auf sie. Unser Rhythmus gefällt ihr. Jeder kann frei handeln und sein Tun selbst einteilen. Die Routinearbeit läuft nebenbei. Wir schwatzen in den Zimmern und berichten uns gegenseitig. Jeder hat etwas davon. Die Alten kommen zur Küche, suchen und finden Kontakt. Wir öffnen den Tagesraum, bieten ihn an, keiner will rein. Sr. Gibfriede ist es nicht recht, wenn man sich dort niederläßt. Dazu sind die Zimmer da. Gemeinsames Fernsehen im Tagesraum ist nur abends gestattet, wenn keine Besucher mehr erwartet werden. Der Tagesraum ist stilvoll und gemütlich eingerichtet. Eine Augenweide für Besucher. Ein Museum für Bewohner. Manchmal gucken sie verstohlen 'rein, wie durch die verbotene 13. Tür. Erinnern sich an die Preisung dieses Raumes vor dem Einzug. Sie haben sich auch ohne ihn eingerichtet. Was andere schaffen, können sie auch. Heute setze ich mich als Lockvogel in diese gute Stube. Resi schubst zuerst Frau Musche 'rein. Sie trippelt mit kleinen Schritten auf mich zu. Mit gefalteten Händen bleibt sie vor mir stehen. Erwartet Order, fügt sich von vornherein. Sie setzt sich brav neben mich, wendet den Blick nicht von mir. Inzwischen leistet Resi Schwerarbeit. Sie bevölkert mühsam den ganzen Raum. Ich habe die Verschleppten hierzuhalten. Dann schalten wir den Fernseher ein und begründen die Aktion. Das Kinderprogramm erspart uns weiteres Gerede. Resi und ich huschen hinaus, klopfen uns auf die Schulter. Maria steht abseits. Sie will damit nichts zu tun haben. Kunterbuntes Gewisper dringt aus dem Tagesraum. Maria kratzt sich am Kopf, nuschelt unheilvoll „Jo mei".

29. August

Andis Zimmer hat einen neuen Patienten. Einen kleinen Türken mit gebrochenem Arm. Er tobt im Gitterbett wie ein Äffchen. Klettert trotz lädiertem Arm daran 'rum und versucht, die Wand zu erklimmen. Es wäre belustigend ohne das unentwegte Gebrülle. In der einstündigen Besuchszeit hat sein Geheul mein ganzes Mitleid ersterben lassen. Bin froh, daß ich gehen kann, und bedauere die anderen. Die schütteln den kleinen Kerl oder werfen nach ihm. Niemand kann das Gedröhne abstellen, nur die Mutter. Und die weiß ihr Kind angeblich gut aufgehoben. Gestern haben die Kinder mit Tante Tilla gebastelt. Ein Zimmer wurde umfunktioniert. Andi formte aus Tonalmasse einen Elefanten. Der Rüssel ist ganz nach oben gestreckt. Himmelblau hat Andi ihn angepinselt. Für Psychologen sicher ein Zeugnis abgerundeten Seelenlebens. Den Elefanten soll Vati bekommen. Für mich hält er hinterm Rücken etwas verborgen. Eine Schmuckschale mit Deckel. Außen gelb, mit blauem Innenleben und rotem Knopf als Anfasser. An dem Gefäß haben seine Finger ordentlich 'rumgeknetet. War eine gute Übung, die auch noch etwas darstellt. Er ist mächtig stolz, und ich freue mich sehr. Vorsichtig versenke ich das gute Stück in meiner Tasche und werde es in meinem Zimmer mit Strohblumen bestecken. Auf der Rückfahrt suche ich mir im Kaufhaus noch eine Tischdecke aus. Meine ist schon so bekleckert. Wenn ich um eine frische bitte, kommt Sr. Lissy mit ins Zimmer und begutachtet jeden Fleck, bespricht ihn mit mir. Sie meint es nicht böse. Ihre bedächtige Art kennt solche tölpelhaften Geschehnisse nur nicht. Ich gestehe ihr mein angeborenes Pech und belege es mit überzeugenden Beweisen. Verständnisvoll entschwebt sie und will für mich beten. Ich bleibe mit schlechtem Gewissen zurück. Es gibt so viele wichtigere Gebetsgründe. Deshalb entscheide ich mich jetzt für eine Art Wachstuchdecke. Meine bewußt spartanisch gehaltene Behausung nimmt langsam Farbe an. Ich muß den Zuwachs begrenzen, um jederzeit abfahrbereit zu sein.

30. August

Resi hat heute frei. Sie will endlich mal wieder in die Berge. Ich ahne bereits, sie wird auf die Enkel aufpassen, damit ihre Kinder wandern können. Ein schöner Samstag wird's trotzdem für sie werden. Resi teilt meine Vermutung: „Is scho recht." Nach dem Frühstück wasche ich das Geschirr ab. Es ist ein ganzer Haufen. Die Ablage reicht nicht für alles. Zwischendurch muß man abtrocknen. Eine Spülmaschine wäre schon angebracht. Sr. Gibfriede möchte keine. Fürs Spülen ist Annelie sonst da, und Sr. Gibfriede hat es gern, wenn viel mit Geschirr geklappert wird. Hört sich geschäftig an. Auf dem zweiten Stock ist sowieso mehr Arbeit. Das muß man hören. Frau Haber kommt in die Küche geschlurft. Sie ist ungeduldig, will, daß ich ihr die Haare mache. Für neunundachtzig ist sie ausgesprochen eitel. Mit großen Augen drängelt sie. Vertrösten nützt nichts, ich muß mit. Auf dem Weg ins Zimmer ist sie besorgt, ob ich ihr auch gut bin. Meine Beruhigung erfährt einen besonderen Dank. Ich darf sie „Oma" nennen. Möchte es gar nicht, muß es aber. Sr. Gibfriede hatte mich in Omas speziellen Haarschmuck eingeweiht. Mit Interesse, Geduld und gutem Willen war ich der Vorführung gefolgt. Sr. Gibfriede konnte in jahrelanger Ausübung dieses Privatvergnügens Omas Zufriedenheit selten erringen. Das ist mir Grund genug, meinen Erfolg dem Zufall zu überlassen. Lässig schnappe ich mir die spindeldürren Endlosfäden. Kämme sie stramm durch, flechte sie, drehe die Zöpfe in sich und umeinander. Dabei rede ich pausenlos, erläutere jede Handbewegung. Oma macht das nervös. Nun richte ich die Strähnen in die Höhe, arrangiere sie nacheinander, stecke sie fest. Das Gebilde sieht nicht so aus wie sonst. Irgendwie anders, aber nicht schlecht. Oma faßt sich an den Hinterkopf, macht „pssst". Sie muß sich konzentrieren. Ertastet jede Haarlage, knurrt unzufrieden. Ich finde, sie sieht schick aus. Das Knurren geht in Fauchen über. Ich mag sie trotzdem und sag' es ihr. Sich aufrichtend, droht sie: „Kindl, des darfst net, i bin bös, bin der Teufel. Des kannst mi glauben, i kenn mi!" Ich mag sie noch mehr. Sie ist ulkig in ihrer Grantigkeit, die ihr selbst auf den Wecker geht. Sie macht sich und anderen nichts vor. Manches Altenheim hat sie schon verwohnt. In diesem will sie auch nicht bleiben. Dazu ist sie fest entschlossen.

31. August

Andi sieht schlecht aus. Blaß und knochig. Die großen Augen fragen verzweifelt, wie lange soll das hier noch gehen. Martin möchte so gerne mit 'raus. Andi und den Schwestern ist es recht. Martins Mutter hatte mich gefragt, ob ich ihn manchmal mitnehme. Ihre schriftliche Zustimmung hat sie hinterlassen. Martin hält sich am Rollstuhl fest. Er redet munter drauflos, genießt die Außenwelt. Andi scheint zufrieden, man läßt ihn in Ruhe. Martin schwärmt von einem Film, Andi nickt bestätigend. Sie haben ihn gestern gesehen. Der Fernseher steht auf dem Flur in der Ecke. Kinder im sendungsgerechten Alter tragen ihren Stuhl hinaus oder setzen sich auf die Erde. Die anderen müssen im Zimmer spielen. Sie horchen hinter der Tür, gucken meist um die Ecke. Für die Schwestern ist die Regelung nicht einfach. Abends haben sie auf der Treppe gesessen. Schwestern und Kinder trugen Lieder vor. Sie sollen den Sonntag einleiten. Martin will unbedingt in ein Lokal. Er hat ständig Hunger. Eine bekannte Wirkung seiner Tabletten. Dicker darf er aber nicht werden, sonst erwartet ihn Reduktionskost. Dieses Wort schwirrt in der ganzen Klinik herum. Sogar Andi plant es mit ein. Ich erkläre Martin den Sinn der Anordnung, Menschenansammlungen zu meiden. Er ist enttäuscht, daß ich mich strikt daran halte. Seine Mutter tut's nicht, mault er. Wir einigen uns, das Ausfahren zu genießen. Ein schlechtes Gewissen durch Verbotsüberschreitung können wir uns nicht leisten. Um dreizehn Uhr bin ich wieder im Altenheim. Burgi wartet schon auf mich. Begrüßung ist gleichzeitig Wachablösung. Essen steht für mich auf dem Herd. Ich habe keinen Appetit, falle trotzdem nicht vom Fleisch. Das Kaffeeausteilen nachmittags ist auch so eine Sache. Wer morgens gezuckerten Kaffee mit Milch wollte, möchte nachmittags schwarzen ohne Zucker. Die Kuchenfrage laß' ich lieber vor Ort entscheiden. Schiebe den beladenen Wagen den Gang lang, klopfe an jede Tür, frage nach den Wünschen. Bei Frau Schützenberger steht noch das Mittagsgeschirr. Nicht auf eingeteilter Porzellanplatte, sondern separat in glänzenden Deckelbehältern. Sie wühlt in ihrem vollgestopften Zimmer herum. Zum Essen ist sie noch nicht gekommen. Einige Bewohner bringen schon das Kaffeegeschirr zurück. Sogar Frau Musche trippelt über den Flur. Ich zeige ihr, was ich mache. Auf meine Bitte, die Station nicht zu verlassen, nickt sie einsichtig: „Jaja, ich bleibe nur hier." Frau Hirsch guckt um die Ecke. Sie will mich was fragen, will nicht 'reinkommen. Es gehöre sich nicht, man hat draußen zu warten. Demütig, mit gekrümmtem Rücken und niedergeschlagenen Augen, steht sie vor mir. Ich richte sie auf, drücke ihre Schultern gerade und blicke in wunderschöne Augen. Durch die krumme Haltung ist uns dieser Anblick bisher verborgen geblieben. Ich bin ganz begeistert, und Frau Hirsch lacht verlegen: „Sie dürfen sich nicht um mich kümmern, ich bin es nicht wert." Frau Hirsch verläßt das Altenheim nie. Ich bin entschlossen, ihr die Haare zu schneiden. Sie soll selbst sehen, wie hübsch sie ist, dann wird sie sicher aufrechter gehen.

1. September

Um Viertel vor sieben stürme ich in die Hauptküche. Ich bin die letzte. Die Brötchen reichen nicht ganz, ein Vorgänger muß sich verzählt haben. Eine Kanne von uns fehlt auch. Ich bin ganz ratlos. Geschirr ist etagenweise unaustauschbar, Zuwiderhandlungen werden geahndet. Der Koch ist auch schon da. Er leiht mir einen Krug. Die Küchenhilfen beobachten es aus ihrer Ecke. Es ist nicht einfach für den Koch, unter Nonnen und Putzhilfen zu arbeiten. Er macht's mit Freude und Humor. Seine Kochkunst ist mit Preisen und Auszeichnungen großer Hotels belegt. Ich freue mich über seine Anwesenheit. Mein Küchenwagen enthält oft eine kleine Aufmerksamkeit, die mich an sein Mitgefühl erinnern soll. Ich richte das Frühstück und schleppe die Kannen auf den Herd. Resi kommt, nimmt sich heiße Milch. Ihr Herrenschnitt ist ganz zerzaust. Bei jedem Wetter kommt sie per Fahrrad aus einem Nachbarort. Sie rempelt mich an und lacht laut auf. Ich verstehe sofort. Natürlich hat sie am Wochenende die

Enkel beaufsichtigt. Ihr Bericht will nicht enden. Das Wandern hätte nicht soviel geboten. Annelie fehlt uns heute. Für vier Wochen ist sie in die Türkei zu ihrer Familie gefahren. Die Vorfreude war groß, der letzte Besuch lange her. Wir verfolgen sie in Gedanken. Unser Abschied war intensiv. Vielleicht findet Annelie mich nicht mehr hier vor. Sie wünschte es mir und drückte mich. Sr. Rosalinde kommt, fragt, ob sie uns helfen kann. Wir lachen, uns ist nicht zu helfen. Aber setzen darf sie sich. Das will Sr. Rosalinde nicht. Sie ist immer auf Achse, kann nicht stillsitzen. Für ihre vierundsiebzig Jahre hat sie eine enorme Kondition. Läuft ständig Trab und macht uns allen was vor, erledigt jede Arbeit, läßt sich überall einfügen. Sie hat eine kindliche Art und einen warmherzigen Humor. Doch Sr. Rosalinde weiß auch, was sie will. Sie ist mit ihrer Lebensaufgabe voll zufrieden und nimmt sich selbst nicht so wichtig. Es macht Spaß, mit ihr zu arbeiten.

2. September

Ich bin sehr besorgt. Andi sieht immer schlechter aus. Die Schwester frage ich nach Besonderheiten. Sie zuckt die Schultern. Sagt mir, Andi brauche neue Schuhe. Seine alten sind zwar noch gut, aber er kann die Schnallen nicht mehr alleine schließen. Bücken geht nicht, und die Kraft fehlt auch. Außerdem bekommt er Einlagen, die groß und schwer sein werden. Wenn ich doch bloß noch mehr für das Kind tun könnte. Ich will mich gleich um Schuhe kümmern, ihm ist die Art egal. Er will sowieso seine alten behalten. Hängt an allem, was ihm vertraut ist. Das Drübersprechen macht ihn schon unglücklich. Seine Haare sind zu lang. Der Pony fällt in die Augen, unterstützt den traurigen Gesamteindruck. Ich entschließe mich spontan, frage die Schwester. Sie erlaubt mir, Andi die Haare schneiden zu lassen. Hoffentlich reicht die Zeit. Eine Dreiviertelstunde bleibt uns noch. Im Schnellauf schiebe ich Andi durch die Straßen. „Meinen" Friseur möchte ich ihm ersparen. Wir finden einen, der gerade schließen will. Großmütig läßt er uns noch ein und rückt den schweren Drehstuhl zur Seite. Vorsichtig lenkt er den Rollstuhl vor den Spiegel. Andi entdeckt sich darin, holt tief Luft und sucht meinen

Blick. Er ist entsetzt über sein Aussehen, erkennt sich nicht. In der Klinik hängt der Spiegel höher. Ich hatte das nicht bedacht. Auch Andi stellt fest, die Krankheit hat ihn in Besitz genommen. Der Friseur schneidet schnell, ohne aufzusehen. Pünktlich sind wir wieder zurück. Ich ziehe Andi aus, lege ihn ins Bett. Es ist höchste Zeit. Für Knabbereien und Lesestoff sorge ich immer. Sie sollen die Mittagsruhe gemütlicher machen, auch unseren Abschied erleichtern. Ich verweile am Bettende. Die kurzen Haare stehen ihm besser. Lieb sieht er aus. Aber nicht gesünder. Unbeteiligt entläßt er mich. Ich grüble. Weil er mir den Blick in den Spiegel verdankt? Oder weil mit den Haaren wieder ein Stück Vertrautheit verlorenging? Glauben heißt nicht wissen. Ich weiß so viel nicht und glaube noch weniger. Aber ich sehne mich danach.

3. September

Heute ist ein großer Tag. Der Pfarrer hat vierzigjähriges Dienstjubiläum. Dieses Ereignis verursacht einigen Wirbel. Herr Pfarrer wohnt im Heim und ist für Freud und Leid der Bewohner zuständig. Er ist ein ruhiger Herr, der lange Jahre in China Theologie gelehrt hat. Seine Lebensweisheit und Herzensbildung werden auch vom Personal geachtet. Zum Ehrengottesdienst sollen Gäste kommen. Neben einigen Würdenträgern auch der Bischof. Ich habe direkt ein festliches Gefühl. Alle Bewohner strömen zur Kirche, haben sich feingemacht. Burgi bleibt auf der Station und hält Wache. Ich binde mir die Schürze ab und klemme mir Frau Musche und Frau Magener unter die Arme. Resi folgt mit Frau Hasselmann. Die Kirche im Keller ist genauso modern wie das gesamte Heim. Die Beleuchtung ist indirekt. Der Altar schlicht, aber kostbar. Ich bin gern hier, am liebsten allein. Der Herr Pfarrer sieht verändert aus. Eine riesige Robe umwallt ihn. Aus einem hochstehenden Kragen reckt er den Kopf, auf dem eine unsymmetrische Kappe thront. Hochaufgerichtet sitzt er hinter dem Bischof und wartet auf die Ehrung. Dieser beginnt würdevoll. Er ist eine imposante Erscheinung. Resi zwinkert mir zu. Sie hat einen guten Geschmack. Der Bischof erklärt den Werdegang eines Pfarrers. Von Anfang an. Ist sehr interessant, ich wußte es noch nicht. Frau Hasselmann keucht, fragt, wann denn endlich was los sei. Resi schubst sie an. Der Bischof verweilt bei der Probezeit, eine wichtige Phase. Er verliert sich darin. Frau Hasselmann will nicht mehr bleiben. Es passiert ihr zuwenig. Resi quetscht sich zu ihr auf den Stuhl. Nimmt sie in den Arm und krault ihre Haare. Das mag sie. Der Bischof betont, Gott suche sich seine Beauftragten selbst aus. Sie können sich dem Auftrag nicht entziehen; auch keine befriedigende Arbeit leisten, wenn sie nicht berufen sind. Er spricht völlig allgemein. Bezieht sich nicht auf die Hauptperson. Diese sackt in sich zusammen, wird kleiner. Der Bischof erklärt, ein Pfarrer hätte kein Recht auf Ehrung und Lob. Was er tut, ist nur Gottes Wille, und ihn hat man zu preisen. Der Kopf unseres Jubilars verschwindet fast im Kragen. Er sitzt versunken auf dem Hocker, starrt auf den Boden. Frau Hasselmann ist nicht mehr zu halten. Auch Frau Musche wird unruhig. Wir schleichen hinaus. Die Festrede macht mich nachdenklich. Ich habe wenig Ahnung von kirchlichen Riten und Abläufen. Hätte dem Pfarrer mehr jubelnden Dank gegönnt. Vielleicht wird er ihm noch intern zuteil. Oder die Ehrung ist in dieser Art intensiver. Ich hoffe es für ihn und mich. Ich brauche das Vorhandensein einer Institution, die in sich ruht. Die auch meine Probleme tragen hilft, sich nicht belastet fühlt. Ich muß mit Sr. Rosalinde sprechen.

4. September

Morgen kommt Bernhard endlich. Ich habe ein anderes Zimmer gefunden. Ganz dicht am Heim. Vielleicht zu dicht. Grubers stehen nicht im Pensionsverzeichnis. Sie vermieten nur auf Empfehlung. Preiswert ist es auch, und dabei im hübschesten Häuschen weit und breit. Ich bin stolz auf meinen Fund und freue mich auf die gemeinsamen Tage. Zum zweiten Male habe ich schon Geld bekommen. Richtig mit Lohntüte und Unterschreiben. Der Augenblick ist erhebend, ich genieße ihn. Ich bin froh, für mich allein sorgen zu können. Bernhard übernimmt die Klinikbezahlung. Mein Aufenthalt hier wäre nicht mehr tragbar. So kann ich auch noch Bernhards Urlaubstage mitfinanzieren und voll für Andi sorgen. Sr. Rosalinde hilft mir beim Abendbrot. Sie erzählt selig aus ihrer Kindheit. Muß erschreckend arm, aber reich an Liebe gewesen sein. Sr. Rosalinde lebt jetzt noch davon. Sie ist mit ganzem Herzen Nonne. Ich frage sie, ob auch ein anderes Leben sie irgendwann einmal reizte. Sie überlegt lange. Sagt dann fest: „Nein, nie." Ich frage viel, sie nimmt es mir nicht übel. Ich liebe diese Abende. Dabei belege ich die Teller. Die Wurst hängt über den Rand. Mindestens fünf Scheiben sind für jeden vorgesehen. Käse und Erfrischung noch dazu. Auch wenn es später im Schweineeimer landet, ich muß es verteilen. Es widerstrebt mir, und den Alten vergeht der spärliche Appetit. Einigen Zahnlosen schmiere ich die Brote und würfele sie klein. Es ist eine Abwechslung für sie. Bisher bekamen sie nur Brei. Sie durften raten, ob aus Reis oder Grieß. Auch Frau Hirsch und Frau Fischer streiche ich Brote, schneide die Rinde ab. Belegen dürfen sie sie selbst. Sie freuen sich darüber und essen auch auf. Ich bin fertig. Die zwei Wagen sind beladen, Sr. Rosalinde beendet ihre Rede. Wir losen um die Richtung. Sr. Rosalinde versorgt die Zimmer auf dem rechten Gang, ich den linken. In der Küchentür starten wir auf „Los!" und stürmen auseinander. Die Omas helfen uns, nehmen die Teller ab, halten die Tür auf. Ich achte auf das ferne Konkurrenzgeklapper. Dann kommt Sr. Rosalinde schon näher gerumpelt. Atemlos ruft sie: „Sieger!" Wir fallen uns in die Arme. Sr. Rosalinde ist ein wunderbarer Mensch. Ich sage es ihr. Sie überlegt, neigt den Kopf: „Ich glaube nicht", und freut sich doch.

5. September

Ich packe meinen Koffer. Diese Tätigkeit liebe ich nicht, auch hier nicht. Aber Bernhard kommt heute abend. Ich will ihn bei Grubers erwarten. Mich einrichten und alles vorbereiten. Es ist schon komisch, so halb umzuziehen. Die Bewohner beobachten mich, und irgendwie ist es mir peinlich. Hoffentlich klart das Wetter noch auf. Es regnet nicht, es gießt und schüttet. Völlig durchnäßt erreiche ich die Klinik. Traue mich gar nicht rein. Auf der Station ist es verdächtig ruhig. Am Regen kann's doch wohl nicht liegen. Ein Raum ist abgesperrt mit Schild davor. Bangen Herzens nähere ich mich Andis Zimmer. Er liegt drin, guckt ganz unglücklich. Sagt, auf der Station herrsche Darminfektion. Ständig werden Stuhlproben entnommen. Er soll „Würsti" machen, kann jetzt erst recht nicht. Ich gehe mit ihm aufs Klo. Halte seine Hände, erprobe alte Maschen. Er wird kribbelig. Ich soll ruhig sein, aber bei ihm bleiben. Mit hochrotem, angespanntem Gesicht drückt er alle Sorgen in die Toilette. Will sie 'runterspülen. Dabei keucht er Worte heraus. Er fürchtet sich vor der Ansteckung. Grault sich vor dem Isolierzimmer und hat Angst, auf dieser Station bleiben zu müssen, nicht verlegt zu werden. In diese Vorstellung steigert er sich hinein, weint erst still und schluchzt dann laut los. Vati muß ihn besuchen dürfen, und er will auch mit ihm 'raus. Ich bin ganz leer, wie ausgehöhlt. Dieser Kelch muß an uns vorübergehen, er wäre schwer zu verkraften. Andi ist fertig. Er schnieft, ich soll mal gucken. Hab' doch Erfahrung und kann vielleicht sehen, ob seine Wurst verdächtig ist. Ich werfe einen Blick hinab. Finde, sie sieht prima aus, ganz in Ordnung. Erleichtert schlurft er ins Zimmer, sagt es den anderen. Auf dem Heimweg überrede ich mich selbst. Trete fest in die Pedale und glaube, mit jedem Tritt überzeugter, an die Gültigkeit meiner günstigen Diagnose.

6. September

Bernhard ist begeistert von der Unterkunft. Grubers sind reizend, verstehen sich sofort mit ihm. Sie wollen uns den Aufenthalt einfühlsam verschönern. Um acht Uhr steht der Kaffee vor der Tür. Wir decken auf dem Balkon und frühstücken genüßlich. Die Altenheimbewohner gucken herüber. Winken oder verschwinden hinter den Gardinen. Bernhard sieht unheimlich aus, wie Rübezahl. Er muß von der Haarpracht befreit werden. Scheren hat er mitgebracht. Auf einer Alm suchen wir uns ein Plätzchen. Ich sitze auf dem Baumstumpf, Bernhard vor mir im Gras. Kein Mensch weit und breit. Nur die Sonne lacht über mein Werk. Die Schere schnippelt, Bernhard schnurrt wohlig, und die

Haare fliegen sanft davon. Hoffentlich bekommen sie den Kühen gut.

Vor der Klinik warten heute einige Eltern. Alle in sich gekehrt. Sie meiden Kontakte. Mein Herz poltert, ich suche Bernhards Hand. Wie werden wir Andi vorfinden? Die Station ist betretbar, sein Zimmer offen. Unsere Tränen mischen sich, wir haben uns wieder. Eine Darminfektion wird bei Andi nicht mehr vermutet. Die Beobachtung hält allerdings noch an. Darum bleiben wir im Zimmer. Unter diesem Aspekt fällt uns die Freizeitgestaltung nicht schwer. Andis baldige Verlegung erhöht den Reiz dieses Raumes. Schwester Renate bringt Andi ein Päckchen. Es ist von seiner Lehrerin. Viele bunte Briefe liegen bei. Mitschüler haben rührend geschrieben und viel gemalt. Andis Kinn zittert, und Bernhard lenkt schnell ab. Aus Geschenkpapier pellt er ein Poesiealbum. Alle Schüler aus Andis Klasse haben einen Spruch hineingeschrieben. Sind deshalb extra nach der Schule dageblieben. Sogar Andi staunt, daß sich alle dafür bereit fanden. Die Sprüche sind typisch für die Kinder. Manche sehr ernst, viele selbst erdacht. Wir amüsieren uns und merken uns die hoffnungsvollsten.

7. September

Wir können wieder ausschlafen. Maria hat Frühdienst, und ich löse sie mittags ab. Heute dürfen wir sogar mit Andi 'raus. Er möchte im Auto sitzen und gefahren werden. Einfach nur fahren. Noch nicht mal viel sehen wollen. Auf engem Raum zusammensein und die Klinik weit hinter sich lassen. Wir machen das Radio an, singen mit. So gefällt es ihm. Der Abschied ist unproblematisch. Bernhard will ihn nachmittags nochmals besuchen. Das ist bald nach der Mittagsruhe, zum letztenmal auf dieser Station. Wehmütig wird uns nicht. In einem Restaurant essen Bernhard und ich zu Mittag. Ich genieße es mit ihm zusammen. Seitdem ich im Altenheim arbeite, meide ich Lokale. In Kliniknähe brachten sie nur Gespräche mit ebenfalls leidgeprüften Eltern und woanders nicht erbetene Kontakte. Bernhard will auch Mittagsschlaf halten. Zum Abendbrot verabreden wir uns. Macht Spaß, sich aufeinander zu freuen.

Im Altenheim ist miese Stimmung. Maria hat mit Burgi ge-
zankt. Sie brummelt nichtige Begründungen. Eine Bewohnerin
verzichtete auf Marias Hilfe und hat Burgi gerufen. Diese Laune
grub Marias Mißtrauen wieder aus. Uns präsentiert sich Ver-
zagtheit und Enttäuschung. Maria ist nicht fähig, die Unbere-
chenbarkeit der Alten als menschliche Schwäche zu sehen. Für
sie ist alles persönlicher Angriff, provoziert und durch andere
geschürt. Burgi ist froh, gehen zu können. Marias Ausbrüche
kann sie nicht einordnen, fühlt sich ihr unterlegen. Jugend und
Frische wehren sich nicht, sie setzen sich Marias negativem Vor-
bild aus. Ungeprüft registrieren sie es. Wir müssen mit Burgi
sprechen, sie muß das Problem verarbeiten. Dann kann sie sogar
Maria helfen. Ich bereite die Tabletten für den nächsten Tag vor.
Man muß aufpassen. Es sind so viele verschiedene. Jeder Bewohner hat andere, und die Zusammensetzung ändert sich oft.
Wird mit den diversen Ärzten besprochen. Sr. Gibfriede macht
das sonst immer. Sogar ihren Urlaub wollte sie wegen der Medi-
kamente aufgeben. War extra im Büro, fühlte sich unersetzlich.
Mit roten Augen kam sie nach oben. Man hatte Ersatz gefunden.
Als MTA wurde mir die medizinische Versorgung übertragen.
Mein zeitlich begrenztes Hiersein und ihr bevorstehender Urlaub
konnten Sr. Gibfriedes Seele nicht beruhigen.

8. September

Bernhard ist pünktlich in der Klinik. Forsch geht er den Gang
entlang, links die Treppen hoch. Heute wird er was mit Andi anfangen können. Die Sachen gemeinsam packen und ihn zum
Neubau bringen. Sachen auspacken und alles erkunden. Schwester Renate guckt erstaunt, Andi ist schon weg, auf der anderen
Station. Morgens wurde er verlegt. Schade, daß man nicht warten konnte. Bernhard geht hinüber, findet Andi im zweiten Zimmer am Tisch, mit dem Rücken zur Tür. Vier Betten stehen im
Raum. Eines wurde dazugestellt. Andi liegt am Fenster. Der
Blick hinaus ist wunderschön, wie ein gemaltes Bild. Die anderen Jungen schleichen herum, wissen nichts zu tun. Schielen nach
Andis Spielsachen, tasten danach. Andi sitzt reglos, kümmert

sich um nichts. Er weint ununterbrochen, ist mit sich und der Welt unzufrieden. Die Vorfreude ist beendet, das Ergebnis enttäuscht ihn – hätte seine Wünsche auch nie erfüllen können. Eine Schwester räumte seine Sachen ein, er weiß nicht, wo sie sind. Er hat nicht mitgeholfen, will ja auch nicht hierbleiben. Er fühlt sich so schlecht, will nach Hause in sein Bett. Bernhard muß sich zusammenreißen. Diese zusammengesunkene Gestalt ist sein kleiner Junge. Bernhards freudige Erwartung ist unangebracht, macht Andi noch verzweifelter. Auch Schwester Sigrid weiß nicht, was sie machen soll. Bernhard bittet um Verständnis und berichtet von Andis veränderter psychischer Verfassung. Sie ist über die Krankheit informiert und will sich rücksichtsvoll um ihn kümmern. Der Abschied fällt besonders schwer. Flehend ruft Andi Vati nach, er fühle sich verraten, verkauft. So kann es nicht weitergehen, so darf die Zeit nicht verstreichen. Sie bringt nichts, sie zerstört nur.

9. September

Ich muß erst um acht Uhr zum Dienst. Die ganze Woche lang. Das wurde intern beschlossen. Ist wohl Bernhards Verdienst, alle mögen ihn. Wir frühstücken auf dem Balkon, und Resi schuftet demonstrativ. Bürstet Matratzen aus, die Fussel fliegen herüber. Mit Fernglas beäugt sie uns, berichtet den anderen. Unsere Ruhe ist dahin, sie war sowieso nicht friedvoll. Bernhard ist deprimiert. Er hatte mit Andis deutlicher Besserung gerechnet. Aber sein Zustand wird immer schlimmer. Die Machtlosigkeit erdrückt uns, die zeitraubende Behandlung macht uns rebellisch. Wir wollen nicht mehr warten, wie lange noch, was muß erst geschehen? Ist das überhaupt der richtige Ort für Andi? Es ist zum Verzweifeln, uns bleibt keine Wahl. Keine andere Klinik bietet sich an. Eine Überweisung würde er auch kaum noch verkraften. Freunde haben sich informiert, Kontakte aufgenommen, sich mit uns Sorgen gemacht. Alle sind interessiert, setzen sich mit uns in Verbindung, sind immer für uns da. Helfen kann keiner, wollen es aber alle. Trösten uns, Andi sei hier gut aufgehoben, wenn überhaupt irgendwo. Zu wenige Fälle dieser Art bieten Erfahrung, Vertrauen muß sie ersetzen. Ich muß ein Mittel finden. Die Hoffnung wartet geduldig im Raum. Wir greifen nach ihr, krallen uns fest. Mittags ist Andi immer noch unglücklich. Die Jungen zucken die Schultern. Sie waren schon öfters hier, kennen den Laden. Andi ist nicht einzuordnen. Behindert ist er wie sie. Aber Schmerzen hat er, und schlapp ist er auch, richtig krank. So fühlen sie sich nicht. Ich hole mir den Handarbeitskorb. Muß blaue Fäden einnähen. Damit die Sachen auf die richtige Station kommen. In den Stücken ist kaum noch Platz. Das Namensschild verbraucht schon viel. Bernhard hilft mir, es geht schnell. Zu schnell für Andi. Starr sieht er uns zu, wendet sich fassungslos ab, wirft sich aufs Bett. Schluchzt enttäuscht und unaufhaltsam. Die Bändchen besiegeln wieder mal sein Hierbleiben. Ich schnappe mir ein Hemd, drücke es vors Gesicht. Bernhard geht.

10. September

Bernhard ist gestern gewandert. Nach der Besuchszeit hat es ihn in die Höhe getrieben. Bis zum Rand der Erschöpfung. Die Höhe wirkte Wunder, löste die Bedrückung. Verzweiflung und Lethargie ließ er oben. Glauben und Zuversicht brachte er zu uns ins Tal. Bernhards Stimmung erleichtert mich, sie ist mir sehr wichtig. Er darf sich nicht aufreiben. Muß auch an sich und seine Erholung denken. Heute ist der letzte Ferientag, morgen beginnt für Andi wieder die Schule. Bernhard will mit ihm ausfahren, noch Schulsachen kaufen. Inzwischen hilft Sr. Rosalinde mir wieder. Wir sind ein gutes Team. Besonders heute schätze ich sie. Sie ist kein Typ für salbungsvolle Reden, schüttelt keine Patentlösung aus der Kutte. Ich sehe sie an und erblicke Zuversicht, wohlige Wärme und ein Licht, das für uns brennt. Nach altbewährter Methode versorgen wir die Zimmer, verteilen die Tabletts. Bei Frau Hirsch und Frau Fischer klopfe ich an, höre ein Piepsen, öffne die Tür, balanciere das Essen und rufe laut. Ein Schubs gegen die Tür reißt mir das Tablett aus den Händen, wirft das Geschirr gegen mich, dann fällt alles auf den Boden. Bratkartoffeln, Hering, Brot mischen sich mit Tee und Brei. Ein matschiger Haufen, der scheußlich riecht. Frau Hirsch tröstet gleich, sie wolle sowieso nichts, und Frau Fischer kichert erheitert. Eine Summe unglücklicher Umstände macht mich zum besudelten Verlierer. Es ist nicht schlimm, ich habe schon lange mit so einem Knall gerechnet. Die Zimmertür geht nach innen auf. Man kann sie nur öffnen, wenn die Einbauschranktüren zu sind. Aber auch die Badtür muß gleichzeitig geschlossen sein. Alle drei Vorrichtungen bilden eine sperrende Unfallgefahr. Sie brachte den Bewohnern schon viele blaue Flecke. Schiebetüren wären angebracht, die Planer betrifft der Fall nicht mehr. Ich werde mich an die Fehlkonstruktion auch gewöhnen, die Alten werden sich aber noch oft erschrecken. Die Türen sind ihre Schocktherapie.

11. September

Schwester Sigrid bittet uns, Andi mit Essen zu versorgen. Er ißt nicht genug. Die Kinder speisen zusammen im Aufenthaltsraum. Die austeilende Schwester fragt einzeln, wieviel man will. Andi will wenig, nur Kartoffeln mit Soße. Bekommt er auch, jeden Tag. Bernhard kauft ihm Milkyway. Das mag Andi wenigstens. Im Kaufhaus gibt es Großpackungen, da kann er den anderen was abgeben. Bernhard fährt mit Ullas teurem Klapprad. Er hat es mitgebracht, hier lohnt es sich. Er stellt es vorm Kaufhaus ab, hat es eilig. In zehn Minuten beginnt die Besuchszeit. Mit Süßigkeiten schiebt er sich durchs Gedränge, sucht sein Rad, findet es nicht. Es ist einfach weg, spurlos verschwunden. Er rennt zur Klinik, berichtet Andi. Der hört gespannt zu, der Diebstahl interessiert ihn, macht ihn munter. Was gestohlen wurde, ist Bernhard nicht mehr so wichtig, wird nebensächlich. Hauptsache, Stimmung ist in der Bude, das allein zählt. Vor der Klinik kriecht die Last des Unangenehmen wieder heran. Sie läßt sich nicht abschütteln, muß aktiv bearbeitet werden. Bernhard geht zur Polizei, erstattet Anzeige gegen Unbekannt. Der Beamte tippt mühsam das Protokoll. Räumt wenig Chancen auf Erfolg ein. Schildert den erfahrungsgemäßen Tathergang und vermutet, das Rad unbrauchbar aufzufinden, wenn überhaupt. Uns passiert immer so etwas, Bernhard ist ganz geknickt. Ulla braucht das Fahrrad, wir müssen bald ein neues kaufen.

12. September

Das geklaute Rad stört uns doch sehr. Überall suchen wir es und vermissen unsere Touren. Zum entfernten Schwimmbad fahren wir mit dem Auto. Ist längst nicht so schön, aber Schwimmen ist Pflicht. Abends gehen wir spazieren, bis in die Dunkelheit hinein. Aus einer Bergwand plätschert ein Quell, springt die Steine treppab und sammelt sich in einer Mulde. Sieht aus wie eine Badewanne aus Marmor. Ich ziehe mich aus und springe hinein. Eiskalt ist das Wasser und kribbelig. Ich genieße die Kühle in der Abendsonne. Bernhard steht andächtig da, ehe auch er sich dazu entschließt. Es ist wunderbar und macht uns ganz glücklich. Erfrischt marschieren wir ins Tal. Unterwegs eröffnet mir Bernhard, er habe Schwierigkeiten mit seiner Familie. Mutter und Schwester machen uns Vorwürfe wegen Andis Hiersein. Wir hätten auf sie hören sollen und mit Andi mehr 'rumfahren müssen. Sie machen sich große Sorgen, werfen uns mangelnde Verantwortung vor. Bernhard leidet unter der Spannung. Jede Diskussion wird abgewehrt und die Diagnose allein schon ignoriert. Sie glauben sie nicht und vermuten andere Krankheiten. Bernhard fährt regelmäßig zu ihnen und berichtet von uns. Sie hören nur das Negative oder wollen gar nichts wissen. Bitten sogar um Bernhards Wegbleiben, da Mutter sich so sehr aufrege. Ich werde ausgeklammert, existiere nicht für sie. Ich hatte es geahnt, das Wissen entsetzt mich. Ich rücke näher an Bernhard heran. Kein Mensch kann uns hören, aber wir flüstern. Uns ist peinlich, worüber wir sprechen. Daß es dieses Problem überhaupt gibt. Besteht Hoffnung auf baldige Lösung? Wir brauchen sie dringend. Brauchen Freunde, die uns über die Steine helfen, sie uns nicht noch in den Weg legen. Ich mache mir um Bernhard große Sorgen. Er kann sich nicht teilen, darf es auch nicht. Die Situation ist nicht geschaffen für derartige Entscheidungen.

13. September

Andi bekommt Fangopackungen. Jeden Morgen wird er einge-
packt, muß eine Stunde damit ruhen. Er mag das, es ist schön
warm und schläfert ein. Auf der anderen Station bekam er es
nicht. Ein Fangoraum war zwar vorhanden, die Behandlung
lohnte sich aber nicht für einen Patienten. Wir warten auf den
Chefarzt, sind angemeldet. Er kann wenig berichten. Werte sind
uns bekannt. Andis Depression macht ihm auch Kummer. Ich
frage nach inneren Organen. Der Chefarzt erklärt, er könne sie
nicht berücksichtigen, nicht behandeln, wenn er was feststellte.
Vorrangig ist die Grundkrankheit, und die erfordert viel Geduld.
Die Schwere und den Ernst deutet er nur an, wir wissen es. Er
berichtet von Kontakten, die mit ihm aufgenommen worden
sind. Sie tun uns gut. Aber es wird noch lange dauern, bis Andi
entlassen werden kann. Das Leiden ist chronisch, nicht als heil-
bar zu bezeichnen. Zusatzerkrankungen müssen eingeplant
werden, und Infektionen wären schwerwiegend. Bernhard berichtet von Andis Gymnastikangst und seinen Beobachtungen
im Turnsaal. Der Chefarzt weiß um die Robustheit der Gymnastinnen. Er findet sie auch nicht angebracht, scheint ein
Berufsleiden zu sein. Andis Teilnahme an der allgemeinen Gymnastik will er kontrollieren. Ob ich die ganze Zeit hierbliebe, will
er von Bernhard wissen. Auf dem Flur höre ich ihn antworten:
„Wir finden das wichtig." Dann klemmt er mich unter den Arm,
rast mit großen Schritten durch die Pforte und brummelt: „Nun
erst recht."

14. September

Viel Platz ist im Kofferraum. Bernhard muß ohne das Fahrrad
nach Hause fahren. Er bringt meine Sachen ins Heim hinüber,
guckt sich nochmals in meinem Zimmer um, schüttelt den Kopf.
Ich finde es gar nicht so trostlos. Fühle mich ganz geborgen,
Bernhard kann beruhigt sein. Wir fahren mit Andi durch den
Ort, lecken ein Eis. Wir können uns nicht trennen. Gespräche
brechen ab. Sich aufbäumende Sehnsüchte füllen die Leere. Die

Abschiedsstimmung wird unerträglich. Am Bahnhof darf Andi sich Hefte aussuchen. Ganz egal, welche; Hauptsache, er freut sich. Wir bringen ihn in der Klinik auf die Station, richten sein Bett. Bernhard zieht ihn aus, drückt ihn sanft, geht ohne Aufsehen. Ich bleibe noch, lese vor. Andi hört nicht zu, er denkt an Vati. Sein Abfahren verkraftet er kaum, er hängt so an ihm. Er weiß, es muß sein. Fragt mich, warum, erwartet keine Antwort. Ich komme morgen wieder. Es tröstet ihn nicht. Bernhard wartet im Auto auf mich. Er trommelt nervös auf das Lenkrad. Wir brauchen ihn, er muß gut nach Hause kommen. Diese Sorge wird mit der Angst um Andi zur unerträglichen Qual. Wir müssen uns fassen, dürfen nicht aufgeben. Bernhard nimmt meine Hand. Sagt, wir müssen durchhalten, Kräfte sammeln, sie in uns finden, durch uns stärken. Andi müssen Abschiede erspart werden, er will dafür sorgen. Will mit seiner Familie sprechen, Besuche verhindern, ihr Verständnis erhoffen. Ich kann mich auf ihn verlassen.

15. September

Frau Hirsch kann ihre Haare nicht mehr knoten. Sie sind fettig, und ihre Arme halten die Prozedur nicht mehr durch. Ich wasche ihr den Kopf. Unter Schaum und Wasserspülung mümmelt sie ständig: „Vergelt's Gott." Ich rubbele sie trocken und setze sie auf den Stuhl, mitten ins Zimmer. Frau Fischer kichert in der Ecke, und Frau Hirsch ist aufgeregt. Sie kann's nicht fassen, daß ich ihr tatsächlich die Haare schneide. Mit der Erfüllung dieses Wunsches hat sie nicht mehr gerechnet. Mutig kürze ich die Mähne, fabriziere einen Stufenschnitt. Naturlocken kringeln sich um den Kopf. Sie unterstreichen Frau Hirschs sanften Ausdruck. Ich bin begeistert. Schiebe sie ins Bad, vor den Spiegel. Das Aussehen ist ihr egal, Hauptsache, die Haare sind ab. Maria muß begutachten, ich hole sie. Sie stutzt, schnalzt „Jo mei" und brummt, so eine Frisur schicke sich nicht für eine alte Frau. Doch Sr. Rosalinde freut sich. Sie hätte auch gern so eine Frisur. Ich will ihre Haube lüften, sie haut mir lachend auf die Hand. Die Bekleidung ist unpraktisch, Sr. Rosalinde ist sie egal, sie kennt sie nicht anders. Schwerer fiel ihr der Verzicht auf ihren Namen. Mit Liebe suchten die Eltern „Mechthild" für sie aus, und „Rosalinde" war im Orden bei ihrer Aufnahme an der Reihe. Sie vermißt den vertrauten Ruf glücklicher Kindertage. Fragwürdig ist ihr aber die Namensänderung nicht. Alles ist unwichtig, nur Mensch zu sein zählt.

16. September

Ich warte vor dem Klassenraum auf Andi. Die Stunde ist schon überzogen. Geht alles von meiner Besuchszeit ab. Aus den Räumen dringt kein Laut. Ich vermisse das fröhliche Stimmengewirr. Eine Mutter kommt suchend den Gang entlang, bleibt vor meiner bewachten Tür stehen. Welchem kleinen Herz da drinnen gilt wohl ihre freudige Erwartung! Die Klassentür öffnet sich, und der Aufschrei „Mutti!" bewegt sogar die Lehrerin. Kinder hasten an der Begrüßungsszene vorbei. Sie riskieren keinen Blick. Andis Augen suchen mich ohne Spannung. Mein Dasein bewirkt kein Aufleuchten. Er weiß, daß er mich findet. Es ist ein unbesprochenes Abkommen. Vielleicht gewinne ich mehr Beachtung, wenn ich mich rar mache. Vielleicht entziehe ich ihm durch mein tägliches Kommen die Vorfreude. Vielleicht würde er sich ohne meine Anwesenheit eher abfinden. Ich frage mich und finde keine befriedigende Antwort. Ich weiß nur, ich erwarte nichts, als bei ihm zu sein. Will ihm ein Stückchen Zuhause vermitteln und seinen Kummer tragen helfen. Will nur Mutter sein und kein Besuch. Ich komme nicht zu kurz dabei. Die Lehrerin ist mit Andi zufrieden. Sie merkt, daß er sehr krank ist, und versteht es, ihn zu aktivieren. Andis großes Lob, sie sei immer lustig, erfreut sie sehr. Ihr Unterricht ist wenig planbar. Ständig kommen neue Kinder, andere werden entlassen, und alle sind krank. Zwei Klassen werden in einem Raum eine Stunde täglich unterrichtet. Zu der unterschiedlichen Auffassungsgabe der Kinder kommen die variablen Schulbücher und deren Handhabung in den einzelnen Bundesländern. Die Lehrerin berichtet über diese Schwierigkeiten, verzweifelt aber nicht daran. Sie macht es gerne und den Kindern dadurch Freude. Selbst kinderlos, versetzt sie sich verständnisvoll in meine Lage. Andi spürt den überspringenden Funken, er gefällt ihm.

17. September

Sr. Gibfriede ist aus dem Urlaub zurück, hat sich nicht sehr erholt. Es geht alles wieder langsamer, stiller. Ich fülle die Dessertschalen, will sie vorbereiten. Sr. Gibfriede kontrolliert, holt aus einer etwas 'raus, schüttet es in die nächste. Inzwischen darf ich Suppe schöpfen. Aber auch damit nehme ich ihr nichts ab. Sie verändert die Menge in den Tassen, gießt sie teilweise in den Topf zurück. Wir warten auf das Austragendürfen. Die Oberin kommt mit der Post. Ist ihre Lieblingsbeschäftigung und meine Hauptfreude. Mutti schreibt sehr oft. Klebt auf jedes Kuvert ein buntes Bild. Sieht hübsch aus und wird von allen bewundert. Mutti glaubt nicht, daß es mir richtig gutgeht. Jeder Brief soll mir das Eingeständnis meines tatsächlichen Zusammenbruchs entlocken. Ich bin erstaunt, wie wenig sie mich kennt. Andi schreibt sie nur über mich, überläßt mir die Entscheidung des Vorlesens. Sie versteht sein Heimweh und nimmt Rücksicht. Ich bin die einzige vom Personal, die Post erwartet. Jeder Brief wird analysiert, ehe er in meinen Besitz gerät. Ich spiele mit, denn alle sind rührend und kümmern sich um mich. Die Oberin stützt sich auf den Tisch, guckt mich lächelnd an. Fragt, ob ich nicht hierbleiben will. Ja, solange Andi hier ist, gerne. Nein, nachher auch. Ich lache, habe doch einen Mann, der auf mich wartet. Die Oberin richtet sich auf, von dem könnte ich mich doch trennen, brauchte nicht zurückzugehen, hier hätte ich's doch gut. Ich soll es mir überlegen. Erheitert entrüste ich mich über diesen Rat. Sr. Gibfriede nickt zustimmend, sie findet die Sache überlegenswert, hat mich gern hier. Sie kommt dicht zu mir, flüstert mir ins Ohr, seitdem ich hier sei, herrsche Fröhlichkeit. Damit hatte ich nicht gerechnet, bin richtig erleichtert. Auf dem Weg zu Andi schüttle ich den Kopf. Man lernt nie aus und kann allerhand erleben. Wenn ich das Bernhard erzähle, ist er nicht mehr so beruhigt. Er hat mir eine Karte geschrieben. Während Andi im Tagesraum ißt, lese ich sie. Er ist gut angekommen und lebt sich nur schwer wieder ein. Mutter und Ulla haben ihn besucht und in der Wohnung mächtig saubergemacht. Sonst ist alles wie gehabt. Ist das nun gut oder schlecht?

18. September

Vor der Klasse warte ich. Jeden Tag die gleiche Zeit, derselbe Ort. Die Lehrerin gibt mir Andis Mappe. Ich nehme ihn an die Hand. Den Aufzugschlüssel habe ich schon geholt. Auch die anderen freuen sich, können gleich mitfahren. Andi ist kaputt. Blut wurde abgenommen und vor der Schule noch geturnt. Appetitlos stopft er einige Brocken in sich hinein, kommt mit vollem Mund ins Zimmer. Ich ziehe ihn aus, lege ihn ins Bett, binde ihn an die Züge. Zwei Stunden müssen Gewichte an den Füßen hängen, um die Knie zu strecken. Ich lese vor, die anderen mögen es auch. Kaum angefangen, ist die Besuchszeit schon um. Andi sagt, er hielte das nicht mehr lange aus. Will sich zur Seite drehen, die Gewichte verhindern es. So schluchzt er zur Decke. Ich fahre zum Heim. Mir fehlt die Lust, zu schwimmen oder zu wandern wie sonst. Ich muß auch früher zum Dienst. Setze mich in die Sonne vors Haus, zwischen die alten Leute. Ein Schatten fällt auf meine Zeitung, ich gucke hoch. Vor mir steht Schwiegermutter. Ganz leibhaftig und strahlend, mit einem Brief in der Hand. Sie ist mit dem Zug gekommen, will drei Wochen bleiben. Während des Dienstes lese ich den Brief. Er ist von Ulla. Mutter sei völlig fertig, brauche unbedingt Erholung, ich solle mich um sie kümmern. Sie will später auch nachkommen, wir sollen ein Zimmer besorgen. Mir wird schlecht, ich sacke zusammen. Denke, jetzt hat's dich erwischt, siehst deine Schwiegermutter schon vor dir. Sie fährt doch nie mit der Bahn, schon gar nicht ohne Vorbereitung. Abends wandere ich zum Hotel ans andere Ende des Ortes. Muß nachgucken, ob's wirklich stimmt. Sie ist tatsächlich da, ganz aufgekratzt. Andis Besuchszeit am Nachmittag hat sie nicht mehr geschafft. Morgen hat er Geburtstag, mittags wollen wir uns treffen.

19. September

Ich bin ganz aufgeregt. Neun Jahre wird Andi heute. Was hätten wir zu Hause alles angestellt. Vom Bäcker wird eine Torte geliefert, mit Hilfe von Smarties soll „Andi" draufstehen. Ich habe auch kleine Geschenke besorgt. Vor allem für die vielen Kinder. Den Schwestern gab ich Dekorationsmittel, sie schmücken den Raum.

Omi ist nicht wie verabredet vor der Klasse. Die Besuchszeit ist schon halb vorbei. Ich steige mit dem Geburtstagskind aus dem Fahrstuhl. Er wird von den anderen mitgezogen, an Omi vorbei. Sie ruft, er dreht sich um, zuckt zusammen. So eine Überraschung. Doch er hat keine Zeit, muß essen und an die Gewichte gehängt werden. Zur Feier des Tages habe ich zur zweiten Besuchszeit auch dienstfrei bekommen. Ich hole Omi vom Hotel ab, es gießt in Strömen. Sie will warten, bis es aufhört. Das ist unmöglich, undenkbar. Die Torte ist schon fast alle, die Kinder spielen. Andi kann sich kaum um Omi kümmern, er hat Verpflichtungen. Daß er sie wahrnimmt, macht mich glücklich. Wir verlassen ein sicht- und hörbares Durcheinander. Omi findet Andi in Ordnung, so wie immer. Sie hat ihn sich schlimmer vorgestellt. Das tut mir leid. Sie ist gekommen, um die Klinik zu begutachten und Andi 'rauszuholen. Ihr Ziel ist ein Naturheilarzt in Österreich. Sie geht von einer falschen Krankheit aus, ist nicht davon abzubringen. Die Gespräche helfen mir nicht, sind unnötig. Ich soll bei Bernhard anrufen, daß Omi gut angekommen sei. Ich sage ihm außerdem, daß ich sein Vertrauen in meine Kraft nicht enttäuschen werde. Er weiß nicht, wovon ich spreche, tut erstaunt, will nichts wissen. Meine Schutzhülle bekommt einen Riß. Ich stehe auf der dunklen Straße und halte meinen Kopf mit beiden Händen. Das Schütteln muß aufhören. Es macht mich verrückt.

20. September

Ich habe überhaupt nicht geschlafen. Lästige Unruhe hat mich ergriffen. Sie wird sich zur Panik ausweiten, wenn sich nicht bald die Kontaktstelle meldet. Mein Kabel stellt keine Verbindung mehr her. Empfänger unerreichbar. Omi hat ihr Versprechen nicht gehalten, so zu tun, als wüßte Bernhard nichts von der Reise. Er konnte das von Ulla arrangierte Unternehmen nicht verhindern. Hat Omi noch Tips für ihren Aufenthalt gegeben, wollte aber 'rausgehalten werden. Seine verständnisvollen Abschiedsworte an mich muß er unterwegs verloren haben. Zweieinhalb Stunden können wir heute am Sonntag bei Andi sein. Omi schiebt den Rollstuhl, ich erkläre die Umgebung. In einem Gartenlokal ist heute nichts los. Die Bedienung kennt mich schon. Omi muß was essen, Andi soll auch. Eine Gemüseplatte mit viel Salat. Andi wehrt ab. Wenn schon, dann nur Pommes frites. Omi dringt auf ihn ein, wenn er früher mehr Salate bekommen hätte, litte er jetzt nicht an dieser Krankheit. Andis Blick vernichtet mich. Großäugig erfaßt er, du bist also schuld daran. Omi ist nicht mehr zu bremsen. Erzählt von salatessenden Kindern, die in Hochhäusern uneinholbar die Treppen emporspringen. Ich habe nichts gegessen. Es wäre mir auch nicht bekommen. Ich bringe Omi zum Hotel. Schlage vor, nicht mehr gemeinsam Andi zu besuchen. Es ist ihm zuviel, und er hat zuwenig von einem. Mit Bernhard mache ich's auch immer so. Sie sagt, sie wolle mir die Besuche sowieso nicht abnehmen. Sie will sich erholen, was unternehmen. Ich fahre zum Heim, auf die Station. Wie gut, daß ich arbeiten kann. Ich bereite Tabletten vor, male neue Schilder, warte auf einen Anruf von Bernhard. Es bleibt still, nur in mir nicht.

22. September

Herrn Humanns Friseur ist in Urlaub. Er nörgelt über seine Mähne. Ich biete mich zum Kürzen an, er lacht laut auf. Bewaffnet mit Kamm und Schere trete ich entschlossen vor ihn. „Dann man zu", meint er mutig und legt die Pfeife weg. Besonders im

Nacken liebt er das Schnippeln und hält auch Ohren und Nase hin. Es lohnt sich sehr, ich gebe mir Mühe. Er ist zufrieden, wenn ich es bin. Wollte mir den Spaß nicht verderben, sagt er und hat sich selber amüsiert. Frau Sommer schreit im Badezimmer. Hört sich entsetzlich an. Sr. Gibfriede verbindet ihr die offenen Beine. Ich habe mal 'reingeguckt, war ein grausiger Anblick. Die Schmerzen müssen unerträglich sein, hindern sie am Stillhalten. Sr. Gibfriede kann kaum pinseln und verbinden, schimpft mit ihr. Jeden Tag übertönt die eine die andere. Sr. Gibfriede kommt wallend in die Küche, schnauft nervös. Ich tippe sie an, deute mit dem Daumen in Richtung Kirche. Sage nur „beichten". Sie seufzt und lächelt: „Muß ich auch, kann's nicht vermeiden." Jeden Tag betet sie um mehr Geduld mit Frau Sommer. Es hat den beiden noch nicht geholfen. Mit Zeitungen und Abendbrot gehe ich abends zum Hotel. Omi freut sich. Sie war nachmittags bei Andi, hat einiges unternommen. Der Ort gefällt ihr nicht. Das ist schade. Aber wir haben ihn uns auch nicht ausgesucht.

23. September

Frau Magener ist krank, sie ist achtundneunzig Jahre. Hohes Fieber rötet ihre knochigen Wangen und läßt sie tief in das Federbett sinken. Die Ärztin kommt täglich, bespricht mit uns Maßnahmen. Es sieht nicht gut aus. Der Sohn wird angeschrieben. Er wohnt weit entfernt und ist selber schon klapprig. Frau Magener ist blind, man merkt es kaum. Das Essen führt sie gekonnt zum Mund, heute füttere ich sie lieber. Ihren Humor hat sie noch nicht verloren. Macht unfreiwillig launige Stimmung. Sie nimmt meine kalten Hände und legt sie an ihre Wangen. „So bleiben wir jetzt", flüstert sie, „das tut uns beiden gut." Fiebrig summt sie Melodien, sie war Konzertpianistin. Hat sogar vorm König gespielt. Ihr Alter ist erfüllt von ereignisreichen Erinnerungen und einem alten Radio, dem sie tastend verschwommene Musik entlockt. Sie muß früher sehr berühmt gewesen sein. Jetzt teilt sie ihr Zimmer mit einer Lehrerin, deren Geist nicht mehr mithält. Frau Schiller ist still, aber lieb zu ihrer Nachbarin. Sie hört sich die Konzerte mit an oder duselt vor sich hin. Frau Magener würde gern lesen, Frau Schiller tut's nicht. Je ein Familienbild ist der einzige Beweis gelebten Lebens, einer Identifizierung. Ein Orden ziert Frau Mageners Wand. Prinz Karneval hat ihn der ältesten Bewohnerin des Heimes überreicht. Auf der vierten Etage ist Frau Hehn darüber zutiefst enttäuscht. Sie hatte ihn beansprucht, bevor Frau Magener einzog. Sieben Tage Jugend trennen sie genau von der Prinzenehrung.

25. September

Andi macht ins Bett. Mehrmals in den letzten Tagen. Nachts wird die Schwester beauftragt, ihn zu wecken. Sie streicht ihm sanft über den Po, fühlt ihn ab. Er ist wach, hält still und genießt es. Die Mittagsbesuchszeit habe ich wie bisher für mich erbeten. Kann viel für Andi tun, die Schwestern wenigstens etwas entlasten. Omi kann ihn nachmittags besuchen, hat dann auch mehr von ihm. Ich warte in Andis Zimmer, während er ißt. Falte die Schlafanzüge, richte die Betten zum Reinlegen, drapiere die Stofftiere. Vorlesen ist die einzige Bitte, gebündelt schallt sie mir entgegen. Die Schwestern gucken durchs Türloch, sind froh, daß hier Ruhe herrscht. Ich lese schnell, muß was schaffen. Und laut, bin schon heiser. Alle freuen sich auf morgen, auf die Fortsetzung. Ich kaufe noch Schlafanzüge, suche wieder nach Baumwolle. Bei „Kuschelweich" kuschelt man sich an reine Kunstfaser. Die Farben sind schillernd bunt, die reinsten Wachmacher. Ich finde nichts für Müdemännlein. Muß mit Umtausch rechnen. Ich habe noch etwas Zeit. Omi kann ich nicht besuchen. Sie ißt irgendwo und hält dann Mittagsschlaf. Mir bleibt nur der Abend zum Besuch. Sonst fuhr ich täglich nach dem Dienst zum Freibad in den Nachbarort. Das hiesige hat schon zu, und das dortige ist warm. Die Fahrt bekam mir gut, das Schwimmen noch besser. Beides brachte Abstand zur Arbeit und Müdigkeit. Nun gehe ich täglich den Weg zum Hotel. Die Gespräche ermüden nicht, sie halten wach, zu lange. Wir gehen spazieren, ins Kurkonzert, ins Kino. Ich kann nicht viel bieten. Kenne die abendlichen Veranstaltungen nicht. Mit Natur könnte ich dienen, kenne sämtliche Wege. Sie ist nicht gefragt. Langsam werde ich mürbe.

26. September

Bernhard hat eine Karte geschrieben. Er hört nichts von mir, hofft, daß es gutgeht. Er bewahrt die Taktik des Ahnungslosen. Ich bin traurig, fühle mich allein gelassen. Schreibe, er soll mit dem Spiel aufhören, damit wir wieder zusammenkommen. Wir brauchen uns für Andi, können uns keinen Kräfteverschleiß leisten. Omi finde ich fröhlich vor. Sie hat ausgeschlafen, fast Andis Besuchszeit verpennt. Freut sich über Mitgebrachtes und plant Unternehmungen. Sie pflegt sich sehr, achtet auf Figur und Haltung. Legt Wert auf jugendliche Kleidung und entsprechenden Eindruck. Braucht ständig Komplimente. Ihr ist nicht recht, daß Andi weiß, wie alt sie ist, und daß sie sich die Haare färbt. Auf zweiundsiebzig schätzt sie keiner. Tapfer schlug sie sich mit drei Kindern allein durch den Krieg. Bernhard, einjährig, als sein Vater fiel, wurde ihr Lebensinhalt. Auch Ulla, elf Jahre älter, bemutterte ihn. Die Bemühung und Sorge um ihn hält an, da sie unverheiratet ist. Sie verlagert sich inzwischen auch auf Andi. Ich wußte das, vergaß es nie. Ließ sie teilhaben, muß jetzt aufpassen. Für Andi werde ich kämpfen, für Bernhard muß ich dasein. Er soll entscheiden, soll erwachsen sein dürfen. Hat es bewiesen, kann Verantwortung tragen. Sie sehen es nicht, geben ihn nicht frei. Hängen an ihm, ihrer Jugend. Dieses Problem ist altbekannt, undramatisch. Aber Andis Krankheit aktiviert ihren Umsorgungsimpuls. Macht sie blind für störende Eingriffe. Die räumliche Trennung nutzen sie, um mich auszuklammern. Wir dürfen uns ihnen nicht überlassen. Bleibt uns dafür noch Kraft und wie lange?

28. September

Der Sohn von Frau Magener ist gekommen. Sitzt still bei seiner Mutter. Ich bringe ihm was zu essen. Es ist ja genug da, und der Mann ist dankbar. Braucht er nicht extra loszugehen, kann jede Minute bei seiner Mutter verbringen. Sr. Gibfriede ist es nicht recht, sie sieht es nicht gern. Sie stört der Mann auf der Station. Andere Besucher schenken ihr Geld, er ist nur freundlich, das zählt nicht. Der Sonntag ist voller Touristen, ein reges Treiben. Ich schiebe Andi am Bach entlang. Er ist sehr still, für nichts zu begeistern. Er nörgelt, ist gereizt, wirkt verstört und überfordert. Schwester Sigrid bittet mich, Kuchen mitzubringen. Andi ißt kaum, nimmt laufend ab. Sie fragt, wie lange Omi noch bleibt, die Besuche strengten ihn an, das drückt sich auch im Naßmachen aus. Ich bin unruhig, ratlos, zum ersten Male mutlos. Das kann ich mir nicht leisten. Ich schreibe an meinen früheren Chef. Ich hatte eine Veröffentlichung über Andis Krankheit von ihm gelesen. Vielleicht hat er noch Tips, kann beratend helfen. An einen Zeitungs-Doktor schreibe ich auch. Er lächelt so vertrauensvoll vom Papier und verspricht, Rat zu wissen. Ich will wenigstens versuchen, das Gewissen zu entlasten, die Zeit nutzen. Ich brauche einen Duden, muß was nachsehen. Ich gehe auf Station, frage die Bewohner. Keiner hat ein Wörterbuch, viele überhaupt keine Bücher. Ich wundere mich, kann mir ein Leben ohne Lektüre kaum vorstellen. Was tun sie eigentlich in ihrer Freizeit? Ich überlege. Keine strickt oder häkelt. Keine macht Handarbeiten. Briefe werden kaum geschrieben, Spiele werden nicht gespielt, Kontakte untereinander nicht gepflegt. Jeder hat sein Reich, belebt es, verwohnt es. Das ständige Essen läßt keine Zeit für Engagements. Der Tisch muß dafür freigehalten werden. An irgendwas erinnert mich das. Ach ja, an die Kinderklinik.

29. September

Annelie ist wieder da. Die Rückfahrt aus der Türkei war strapaziös. Wäscheberge warten ungewaschen, sie muß sich erst mal erholen. Familienfeiern nahmen kein Ende, und ihr kleiner Sohn war elendig krank. Klimaumstellung und Eßgelage machten ihn fertig. Er jammert, nie mehr will er dorthin. Annelie hofft lachend, es ändere sich noch. Endlich wird Sr. Gibfriedes Schuhschrank geliefert. Sie freut sich wie ein Kind, war ihr größter Wunsch. Die Oberin schenkte ihr schon mal einen, sie gab ihn zurück, war nicht ihr Fall. Nun ist es der richtige. Im Urlaub hat sie ihn ausgesucht. Ich beglückwünsche sie. In seliger Stimmung vertraut sie mir an, eine Putzhilfe sei entlassen worden. Man spielte schon lange mit dem Gedanken. Weil ich nun doch noch länger bleibe, war's nicht zu vermeiden. Ich bin entsetzt und doch erleichtert. Jeder ist sich selbst der Nächste. Aber unangenehm ist es mir doch. Ich frage im Büro, bedanke mich fürs Bleibendürfen. Man tröstet mich, ich hätte damit nichts zu tun. Auf dem Weg zu Andi kaufe ich wieder im Reformhaus Saft und beim Bäcker Kuchen. In der Klinik renne ich auf die Station, hole Saft aus dem Eisschrank, fülle ihn ins Glas, stelle ihn an Andis Platz. Mit dem Aufzugschlüssel laufe ich zur Klasse. Immer das gleiche, immer in Hetze. Die Schwestern finden die Saftkur unnötig. Omi schwört darauf, redete es mir ein. Ich will es probieren, schaden kann es ja nicht. Zwölf Flaschen muß Andi austrinken. Er giftet mich an, fühlt sich gequält. Omi kauft Spielzeug, ich bringe so was. Ich merke, das eingeimpfte schlechte Gewissen faßt langsam Fuß. Es darf sich nicht einnisten, keinen Nährboden finden. Ich flattere umher, will's allen recht machen, werde mir selber untreu. Andi ißt noch, ich lese die Post. Ein Brief von Bernhard, ein ganz lieber. Er ist verzweifelt, leidet sichtbar. Kennt seine Familie, ihren packenden Griff. Er ist umgarnt. Hält die Schlinge krampfhaft auf, um mich reinschlüpfen zu lassen. Ich muß ihn befreien. Das Band lösen, ohne es zu zerschneiden.

30. September

Schwester Sigrid erwartet mich an der Pforte. Sie muß mit mir sprechen. Omi führt seltsame Gespräche mit Andi. Sie belasten ihn, bringen ihn durcheinander. Er schläft unruhig, hat Depressionen. Ich soll Omi fernhalten. Das kann ich nicht. Angst überkommt mich, meine Kräfte schwinden. Die Auseinandersetzung stehe ich nicht durch. Der Stationsarzt will es übernehmen. Ihnen liegt viel daran, denn Andi entgleitet der Behandlung unter dieser Zusatzbeanspruchung. Er sieht mich ernst an, ich überwinde mich. Es ist meine Aufgabe, kann sie nicht anderen überlassen. Ich werde mit Omi sprechen. Heute abend paßt es nicht. Wir haben uns zum Heurigen verabredet. Sie bringt eine Bekannte aus dem Hotel mit. Omi erzählt von Zeitungsmeldungen. Von sensationellen Erfolgen der Naturheilärzte. Es ist kaum zu glauben. Ich will mal hinschreiben. Omi sagt, Ulla tue das. Die Bekannte meint, das sei doch besser meine Aufgabe. Omi schubst mich zur Seite: „Ulla kann das besser als du." Bedrückt bringe ich sie zum Hotel. Vor der Tür drückt die Bekannte mir fest die Hand. Ich soll schön durchhalten, mich nicht verunsichern lassen. Langsam gehe ich durch die Nacht. Die Sterne leuchten klar. Ich sehne mich nach zu Hause, weiß nicht, wo es ist. Sehne mich nach Andi, gehe noch an der Klinik vorbei. Die Nähe löst die Spannung.

1. Oktober

Resi spürt meine Verfassung. Sie haut mir kräftig auf die Schulter. Sagt „let's go here", das wirkt immer. Sie scheut sich vor nichts. Bittet mich, ihr auch mal die Haare zu schneiden. Ich soll mich dran austoben. Im Bad wäscht sie sich den Kopf, läßt sich stutzen. Eine Seite ist fertig, die Oberin ruft. Wir verhalten uns still, warten ab. Die Oberin gibt nicht auf, kommt näher. Resi schubst die Haare von sich, klatscht sich ab. Tritt entschlossen auf den Flur. Ich höre sie ernsthaft debattieren, die Oberin scheint zufrieden. Prustend kommt Resi zurück. Eine Haarseite hängt naß herab, die andere kräuselt sich kurz empor. Die Oberin hat nichts gemerkt, wir können es kaum glauben. Resis Opfer hat sich gelohnt. Ich bin intakt und werde handeln. Gehe zum Hotel und treffe Omi munter an. Sie hat soviel zu erzählen. Ulla kauft sich ein Ferienhäuschen, und die Einrichtung beansprucht ihre ganze Gedankenwelt. Die Finanzierung ist auch ein Problem. Bernhard hilft, höre ich. Man setzt meine Zustimmung voraus. Ich freue mich für beide, ist ideal für sie. Vorsichtig flechte ich mein Anliegen ein. Sofort wird es abgeblockt. Ich habe es erwartet und auch Verständnis dafür. Doch wir müssen eine Lösung finden. Es geht nicht um uns, nur um Andi. Ich höre, Ulla hat Verbindung mit dem österreichischen Arzt aufgenommen. Und mit Bernhard wurde Andis Überweisung auch schon besprochen. Ich habe mich dem zu fügen, in Andis Interesse. Der letzte Versuch, Andi ist *mein* Kind, wird vernichtend zerredet. Die Luft reicht nicht mehr für beide. Ich muß gehen. Rufe Bernhard an, klappe zusammen. Er schreit durchs Telefon, ich soll Omi zurückschicken, sie nicht mehr besuchen, sie von Andi fernhalten. Für mich unmögliche Forderungen, die mir den Schwarzen Peter zuspielen. Trotzdem hilft mir seine Stimme. Die Machtlosigkeit ergreift uns zum zweitenmal. Wir müssen sie diesmal getrennt bewältigen.

2. Oktober

Andi weint viel, auch wenn ich vorlese. Er ißt den Kuchen mir zuliebe, die anderen gucken gierig. Andi hat blaue Flecken, sieht richtig bunt aus. Klaus fuchtelt mit den Fäusten vor ihm 'rum, wenn Andi an den Gewichten liegt, sich nicht wehren kann. Ab und zu trifft er ihn auch, die anderen lachen. Ich spreche mit Klaus, betaste seine Muskeln. Er ist kräftig, nicht ausgelastet, muß sich bestätigen. Er will Andi in Ruhe lassen, wird sich ein anderes Opfer suchen. Eine Mutter spricht mich an. Wir kennen uns nicht. Sie hat Omis Besuche und Andis Reaktionen nachmittags mitbekommen. Legt mir nahe, diese Begegnung zu verhindern. „Sie schaden ihrem Kind." Eisige Kälte umhüllt mich, meine Knie werden weich. Ich hatte erwogen, meine Mittagsbesuche während Omis Anwesenheit eventuell aufzugeben. Verwerfe diese Lösung nun. Ich darf Andi ihr nicht aussetzen, meinen Standort nicht verlassen. Auch Omis Besuche abends muß ich durchhalten. Habe den Auftrag, mich um sie zu kümmern. Im Heim tue ich's für Fremde, dann kann ich's auch für sie. Omi empfängt mich, Andi hat Angst vor mir. Sie hat es schon immer geahnt, nun weiß sie's genau. Sie will ihn schützen. Außerdem, eröffnet sie mir, will er nicht mehr leben, will weglaufen, sich aufgeben. Sie fragt eindringlich, ob ich weiß, daß Eltern schuld sind, wenn Kinder sich das Leben nehmen. Das ist zuviel. Ich laufe durch Nebenstraßen, kann mich nicht halten. Verheule die Nacht.

3. Oktober

Mittags rase ich zur Klinik. Bin völlig verrückt. Habe die Vision, Andi nicht mehr aufzufinden. Er ist da, erwartet mich. Nimmt mich in Anspruch. Hier ist meine Aufgabe, unser Sinn. Die Beständigkeit, das Vertrauen, das Unausgesprochene bilden die Grundlage fürs Durchhalten. Ich will mich darauf konzentrieren, alles andere abschütteln. Noch kann ich's nicht, ich schüttele zwar, es bleibt noch dran. Fünf Tage bleibt Omi noch hier. Sie hat Ulla angerufen. Ihr gesagt, sie solle nicht kommen, sie wäre hier nicht erwünscht, hätte hier nichts verloren. Schade, das Miteinander ist nicht zu finden. Es muß auch ohne gehen. Wir freuen uns auf Bernhard, daß er nun alleine kommt. Ungespalten, bereit, unsere Nöte zu teilen. Ich habe nachmittags frei bekommen, mache mit Omi eine Fahrt „ins Blaue". Will ihren Aufenthalt bereichern, Andi mit ihrem Besuch verschonen, mein Zuhause durch Frieden erhalten. Ich kann mir Streit einfach nicht leisten. Auch Omi kann ihn nicht gebrauchen. Aber mich zu berücksichtigen, zu unterstützen und zu entlasten hat in ihrem Programm keinen Platz. Das Erkennen ist schmerzlich, aber überwindbar. An Bernhards Zustimmung kann ich nicht glauben. Sie muß entkräftet werden, von ihm selbst. Darauf warte ich dringend.

4. Oktober

Frau Kreis hat Besuch bekommen. Ganz überraschend, vier Personen. Sie ist völlig überrumpelt, kann sich nicht freuen. Möchte was anbieten, hat nichts. Resi und ich decken schnell im Tagesraum, kochen Kaffee. Flüstern es Frau Kreis zu. Sie soll sich inzwischen ihren Gästen widmen, sich an ihnen freuen. Sie stehen im Zimmer 'rum, sitzen auf der Lehne, wollen bald wieder gehen. Im Tagesraum ist's gemütlicher, fast wie zu Hause. Man findet zueinander, beredet die Vergangenheit. Sr. Gibfriede rauscht über den Flur, hört gedämpftes Geplauder. Öffnet die Tür, stört die Atmosphäre. Unwillig fragt sie, was hier los sei. Verängstigt steht Frau Kreis auf, die anderen folgen ihrem Beispiel, drängen zur Tür. Sr. Gibfriede ruft uns, wir sollten das Geschirr ins Zimmer tragen, dazu ist es ja da. Kann ja nicht jeder hier Parties feiern. Wir wollen aufhalten, besänftigen, vermitteln. Geht nicht mehr, der Film ist gelaufen, abgerissen. Frau Kreis will nicht mehr, wollte sowieso nicht. Kannte die Spielregeln, hätte sich dran halten sollen, ärgert sich. Sr. Gibfriede ist auch nicht glücklich. Sie hat schließlich für Ordnung zu sorgen. Macht nachher jeder, was er will. Sie zählt das Geschirr zum x-ten Male. Rückt es im Schrank hin und her, betastet jeden Teller nach Sprüngen. Annelie hat was kaputt gemacht. Gestern fischte sie eine Kanne zerbrochen aus dem Abwasch. Nichts hat gescheppert, sie lag ganz friedlich in der Brühe. Annelie war ganz blaß, konnte sich nicht ausdrücken, sagte nur immer wieder „Scheiße". Ich tröstete sie, fand es nicht schlimm, hatte keine Ahnung. Derartige Vorkommnisse wurden schon immer geahndet. Ich nehme die Kanne auf meine Kappe, werde eine neue kaufen. Ich finde auch genau dieselbe, bringe sie Sr. Gibfriede, beichte „mein" Malheur. Sie schluckt nur, hebt sie behutsam ins Fach. Resi ist außer sich. Das gibt's doch nicht, nun reicht es aber. Burgi mußte auch schon von ihren Groschen Mißgeschicke bezahlen. Schließlich ist es Privatgeschirr. Keine Etage macht den Zirkus wie wir. Alle haben Einheitsservice, vom Heim gestellt und aufgefüllt. Wenn wir es spülen, muß mit Bruch gerechnet werden, Berufsrisiko. Sr. Gibfriede plustert sich auf, wehrt Vorwürfe ab, wird unsicher, gerät in Schwafeleien. Unter diesen Umständen weigere ich mich, Privatgeschirr anzufassen. Widme mich lieber den Toiletten, brauche sie nicht zu ersetzen. Sr. Gibfriede greift in die Kutte, wirft mir das Geld für die Kanne entgegen, es rollt über den Boden. Sie wird es sich von den Angehörigen zurückerbitten, dessen bin ich sicher. Wenn sie's nicht schon getan hat.

5. Oktober

Heute ist Sonntag. Resi hat ihre Enkel mitgebracht. Die Kinder sind wandern, auf einer Hütte. Die kleinen Mädchen helfen uns, werden in den Zimmern verwöhnt. Sie sind sehr niedlich, und Resi strahlt. Sie haben sich auf den Tag hier gefreut. Resi schiebt

sie zu mir, ich genieße ihre Nähe. Habe Sachen von Andi aussor-
tiert. Skihosen, die er nicht mehr tragen kann, jetzt nicht mehr
braucht. Um halb zehn radele ich zu Andi, er spielt im Zimmer.
Ich gehe zu den anderen Kindern, unterhalte mich mit ihnen. Sie
freuen sich, es fehlte ein dritter Mann. Während ich Karten
spiele, kommt Andi herein. Stützt sich auf meinen Rücken und
guckt zu. Wischt einen Kuß über mein Haar, schiebt sich auf
meinen Schoß und gibt mir Tips. Ich bin selig, darf es nicht zeigen. Nun will er 'raus. Holt schon den Rollstuhl, ich den Schlüssel
zum Fahrstuhl. Wir sind beide gleichzeitig bereit. Unterwegs
nörgelt er, ich kann's kaum verstehen. Wenn Omi kommt, muß
er mit Spielen aufhören. „Dann kann ich ja wieder gehen", sagt
sie, und ich wüßte ja, „wie Omi ist". Ich lenke ab, Vati bringt
einen Laufroller mit. Wir wollten ein medizinisches Laufrad
kaufen. Es wurde uns von der Klinik empfohlen, und im Sani-
tätshaus erkundigten wir uns. Andis Größe beansprucht eine
Sonderanfertigung. Sehr teuer und enorm platzraubend, ein
richtiges Behindertengerät. Hier wäre es noch fahrbar, zu Hause
unmöglich. Bernhard hat einen Roller gefunden, dessen Rahmen
stabil ist. Mit Ideen und Geschick hat er einen Sitz daraufge-
schweißt und diverse raffinierte Verschönerungen angebracht.
Sogar schick angemalt. Damit kann Andi sich auf der Station bewegen und in die Schule fahren. Ein Haken für die Mappe ist
auch angebracht. Wir sind sehr gespannt auf das Resultat. Sicher
tat Bernhard die Planung und Ausführung gut.

6. Oktober

Andis Besuche sind mein einzig erbetener Freiraum. Darauf stellt
man sich im Altenheim ein, und ich stelle mich für die restliche
Zeit zur Verfügung. Aufgesparte Freistunden will ich für Bernhards Kommen summieren. Ich beanspruche sie nun, um Omi
die Schlösser Ludwigs zu zeigen. Nach Andis Besuchszeit erwarte ich sie im Bahnhofslokal. Sie hält die Verabredung nicht
ein, aß woanders. Aber sie freut sich auf die Busfahrt. Ist unternehmungslustig, spricht ohne Pause vom Ferienhäuschen. Telefon hat sie am Bett. Bespricht mit Ulla Gardinen, Tapeten. Muß

alles jetzt entschieden werden, am liebsten wäre sie dabei. Meinen Rat will sie wissen, ich überlege intensiv. Mein Vorstellungsvermögen hat gelitten. Badezimmerkacheln und Teppichboden entziehen sich meiner Konzentration. Ich versichere, sie werden's schon richtig machen. Es ist ein schöner Nachmittag, auch für mich ablenkend. Harmonie ist mein tägliches Brot, Hoffnung das Wasser und Vertrauen die Würze. Ich habe wieder zu mir gefunden, der Preis war sehr hoch. Ich hoffe, man finanziert ihn mit, will die Rechnung beizeiten vorlegen. Jetzt zähle ich nur Omis Urlaubstage. Auch Schwester Sigrid rechnet mit nur noch zwei Besuchen von ihr. Schon *mein* tägliches Kommen ist sie nicht gewöhnt, braucht viel Einfühlungsvermögen. Omis Auftreten hat ihre negative Besuchserfahrung noch gesteigert. Bernhard darf darunter nicht leiden. Wir werden noch leiser treten müssen.

Eine Mutter verhielt sich falsch, nicht absprachegerecht. Ich erlebte es mit. Ihr Besuch wurde verboten. Sie nahm das Kind mit, es kam wieder. Dieses wollen wir Andi ersparen, lieber die Eiertänze mitmachen. Ich habe im Krankenhaus gearbeitet, die Patienten nach dem Ansturm beruhigt. Das Verhalten Fremder ist nicht dosierbar, die Wirkung oft verheerend. Ich habe berechtigte Sorge, daß uns die Auswirkung von Omis Besuchen angelastet und uns Buße auferlegt wird.

7. Oktober

Bin doch angekratzt. Die Erleichterung durch Omis nahende Abfahrt ist nur oberflächlich. Bernhards Kommen und seine fragliche Einstellung überlagern meine geschaffene Ruhe. Ich wälze mich im Bett, finde keinen Schlaf. Das Zimmer ist klein, wird immer beengender. Gedanken schwirren durch den Kopf, entgleiten in die Vergangenheit. Als Andi vier Jahre alt war, hofften wir auf Nachwuchs. Alle trugen mit mir die freudige Erwartung. Sie endete nach dramatischen Wochen mit einer Totgeburt. Bernhard mußte Andis kleinen Bruder begraben. Ein Pastor für segnende Worte fand sich nicht. Timo entging nach langem Kampf mit dem medizinischen Fortschritt dem Taufakt.

Verwirkte dadurch den pastörlichen Anspruch auf Geleit. Bernhard erzählte mir diesen Abschnitt unserer Familientragödie, als ich mich mühsam erholte. Wir wollten schnell vergessen, hatten beide unseren Beitrag geleistet, wollten uns am Vorhandenen freuen. Timos unchristlicher Abgang beschäftigt uns immer noch. Ich sehe Bernhard allein den Trägern folgen. Höre gleichzeitig die lautstarken Appelle für das ungeborene Leben. Da ist eine Lücke, in die wir fielen. Der Knacks, den wir dadurch erhielten, ist schwer zu kurieren. Ich sprach mit Sr. Rosalinde darüber. Sie war bestürzt über die Praktik solcher Grenzfälle. Will für Timo beten. Ich glaube, ich habe sie traurig gemacht. Das wollte ich nicht. Ich darf mich nicht in Vergangenheit ergehen, muß mich dem Gegenwärtigen stellen. Bin gewillt, den Auftrag anzunehmen, auszuführen. Das Wichtigste ist, ich kann bei Andi bleiben, mich völlig auf ihn einstellen. Timo gab mich für ihn frei. Ich sehe es heute so. Auch Bernhard kommt gut zurecht. Es sind Selbstverständlichkeiten, die im negativen Falle unsere Gemeinschaft schwerwiegend verändern könnten. Es gibt so viele Lichter, die auch am Tage leuchten. Man braucht sie noch nicht mal zu suchen, man muß sie nur sehen.

8. Oktober

Zum vierten Male erscheine ich bei der Polizei. Die Beamten schubsen sich an, wer spricht heute mit ihr? Das Rad ist immer noch nicht gefunden. Ich werde angerufen, brauche nicht nachzufragen. Mir macht es nichts aus, liegt auf dem Weg. Ich will aufdringlich werden, mich in Erinnerung bringen. Wir können nicht einfach aufgeben, den Verlust großzügig ersetzen. Mit Kuchen fahre ich zur Klinik. Jürgen schläft nicht mehr im Zimmer. Eine Infektion hat ihn erwischt, er wurde isoliert. Auch Klaus boxt woanders, wohnt jetzt bei einem größeren Jungen, sieht ganz verschüchtert aus. Zu Andi und Thomas ist Jochen gekommen. Er redet kaum, ist flink wie ein Wiesel. Turnt im Bett, ist kaum zu bändigen. Auch beim Vorlesen entspannt er sich mit Kopfstand, lenkt mich durch plumpsende Geräusche ab. Andi wird wütend. Thomas liegt in der Mitte, hat eine ausgleichende

Art. Er ist ruhig, verbindlich und intelligent. Freut sich über alles, auch über sich selbst. Ist ein angenehmer Patient und guter Freund. Solange er denken kann, ist er krank. Verschiedene Kliniken und neue Gesichter sind ihm geläufig. Durch Medikamente im Wachstum gestört, darf er nicht zunehmen. Auch das trägt er mit Fassung und Einsicht. Legt seinen dicken Kopf auf die vielen Stofftiere und sieht mich zufrieden an. Ich begegne diesem Blick gern und weiß Andi gut aufgehoben. Viel Post habe ich heute. Sie knistert ungelesen in der Tasche. Ich befühle sie vorfreudig, warte auf würdige Minuten. Ich führe gern Korrespondenzen, aber hier schleppen sie sich hin. Nur in hoffnungsfroher Stimmung darf ich schreiben, kann dann mit dementsprechender Resonanz rechnen. Entfernte Adressaten an düsteren Stunden teilhaben zu lassen erwies sich als wenig hilfreicher Bumerang für mich. Freunde spüren meine Sucht nach erfrischenden Worten. Sie halten mich geistig wach, fordern Aufgeschlossenheit, lassen mich hier nicht verkümmern. Der Zeitungsarzt antwortet auch. Er kann nicht helfen, versichert aber, Andi sei hier in besten Händen. Der macht sich das einfach! Auch mein Chef schreibt rührend. Ist immer für uns da, sieht Andi im jetzigen Zustand lieber hier. Ich verschlinge die Briefe, sie erfüllen und wärmen mich. Ich zerlege die Worte, puzzle sie zusammen, lerne sie auswendig.

9. Oktober

Gestern abend war ich mit Omi aus. Zum Abschiedsessen. Später brachte ich sie zum Hotel, sie mich ein Stück zum Altenheim. Dann trennten wir uns. Jetzt sitzt sie im Zug nach Hause. Vielleicht erholte sie sich doch etwas. Das Ferienhaus wird ihre Frische brauchen. Der Abschied von Andi war undramatisch. Omi berichtete es mir. Andi erwähnt ihn nicht. Seine Gymnastin ist in Urlaub, das ist viel wichtiger. Es scheint ihn richtig zu erleichtern. Die Kollegin ist einfühlsamer und unterhält sich auch mit ihm. Der Turnsaal hat den Schrecken verloren. Auch die Freitagsqual wird uns erlassen. Der Chefarzt guckte mal zu, registrierte Andis Anstrengung und blies seine Teilnahme spontan ab. Mir sagt er überzeugend, diese Strapaze sei sogar schädigend! Ich bin ganz seiner Meinung. Befürchte schon entstandene Überforderung. Natürlich kann man nicht überall sein, das verstehe ich. Deshalb bin ich ja auch hier, um mitzuhelfen, aufzupassen. Andi wäscht sich kaum, putzt selten die Zähne. Ich merke es am zaghaften Verbrauch der Säuberungsmittel. Die anderen machen's auch nicht, lachen, wenn er sich reinigt. Die Schwestern meinen, Jungs in diesem Alter brauchen keine Aufforderung. Einmal die Woche duschen sie. Dann glänzt das Zimmer, drei Köpfe leuchten. Ich setze Preise aus für saubere Zähne. An der Stationstür erwarten mich blitzende Zahnreihen, täglich weißer. Andis vorderer Hauer verlor schon ein Stück. Sein Kalkgehalt ist vermindert, erklärt der Arzt. Ich bin besorgt, wenn das so weitergeht, die Zähne ausfallen. Er ißt auch soviel Süßes. Zahnlosigkeit wäre ein Schlag für ihn, die Milchzähne haben ihn schon geschafft. Er ist so empfindlich. Beurteilt andere kritisch und achtet auf eigene Wirkung. Ich würde ihm derartige Veränderungen gern ersparen. Auch die Knochen sind brüchig. Das ist alles nicht so verheerend wie die Sorge um Andis Psyche. Ein ihm zusätzliche Schmerzen bereitender Vorfall würde ihn resignieren lassen, ein Knochenbruch ihn zur Unbeweglichkeit zwingen. Seine entzündeten Muskeln könnten nicht bewegt werden, würden der Krankheit überlassen. Auch zu Hause wäre die Verantwortung kaum tragbar. Aber körperlich könnte ich Andi verwöhnen, morgens mit Zuckerei beginnen. Ich darf gar nicht dran denken. Die Klinik wird ihre Erfahrung haben. Bisher ist ja alles gut gegangen. Schwester Sigrid ist aufgeschlossen und der Stationsarzt ansprechbar. Es ist für alle nicht einfach mit Andi. Auch sie warten auf baldige Besserung.

10. Oktober

Wieder ziehe ich zu Grubers. Sie freuen sich auf uns. Bernhard will mittags losfahren, hofft auf zügiges Durchkommen. Auch Bekannte haben sich angesagt, wollen auf ihrer Tour nach uns sehen. Das Warten fällt mir heute schwer. Ich gehe nochmal zu Frau Magener, messe Fieber. Sie hat sich wieder erholt. Erstaunlich ihre Kondition. Sie freut sich selbst darüber, freut sich aufs Weiterleben. Ich setze mich aufs Bett, halte ihre Hand, lasse mir erzählen. Mich beruhigt ihre Stimme, die Dunkelheit um uns. Ihre Eindrucksfähigkeit und Ausdruckskraft mildern meine nervöse Spannung. Ich weiß nicht, was Bernhard mir bringt, wie er mich verlassen wird. Versuche mich zu sammeln, will keine Voreingenommenheit präsentieren. Es wird schwer sein für uns. Vier Wochen Trennung, Spannungen zwischen uns, sind zu überwinden. Ich habe schlucken müssen, es getan. Findet Bernhard das richtig, berechtigt? Hat er noch Platz für Rechtfertigungen? Oder ist er überdrüssig, läßt hier seinen Unmut platzen? Ich freue mich auf sein Kommen, erwarte ihn sehnlich. Habe aber Angst vor ihm. Kann ich ihm vertrauen, mich an ihn schmiegen, ihn belasten? Ich merke, mein Alleinsein, nicht Aussprechenkönnen hat mich entnervt. Fehlende umsorgende Worte haben mein Selbstvertrauen verzehrt. Letzte Reserven muß ich ausgraben. Bernhard wird vergleichen. Ich muß einen gefaßten Eindruck machen, um glaubwürdig zu wirken. Bin froh, überhaupt kämpfen zu wollen, um Bernhards Sympathie zu ringen. Scheinwerfer durchstreifen die Nacht, kommen direkt auf mich zu. Zerreißen den Schleier düsterer Gedanken. Bernhard ist da, fällt überanstrengt in meine Arme. Gemeinsam sind wir stark.

11. Oktober

Genau hundert Tage sind wir heute hier. Es ist ein Gedenktag, keiner zum Feiern. Bernhard findet Andi lustlos vor. Sein Anblick hellt Andis Gesicht nicht auf. Er weint, und Bernhard hält den dünnen Körper. Drücken darf er ihn nicht. Den Roller hat Bernhard mitgebracht. Ein stolzer Eigenbau, rot und gelb. Die Kinder bestaunen das Ding, wollen es probieren. Andi guckt es kaum an. Es unterstützt seine Behinderung. Er will sich nicht damit abfinden. Unwillig absolviert er den Probesitz. Jammert, der Sattel tue weh. Auch das Gleichgewicht kann er nicht halten. Bernhard stellt den Roller in die Ecke, rechnet mit Gewöhnung und Attraktivität. Der Rollstuhl ist Andi vertraut geworden. Es ist nicht seiner, wir werden ihn hierlassen. So lange will er ihn benutzen. Bernhard schiebt Andi hinaus, genießt das Alleinsein mit ihm.

Der Baum neben der Klinik trägt dicke rote Äpfel. Als wir ankamen, waren die Früchte ganz winzig. Interessiert und besorgt beobachteten wir das Wachstum. Rechneten nicht mit dem Erleben ihres Reifwerdens. Auch Andi sieht darin den Lauf der Zeit. Weist unvermutet darauf hin: „Guck mal die Äpfel, nun sind sie schon reif." Ich könnte einen pflücken, mag ihn nicht anfassen. Sie haben uns begleitet, sollen uns erhalten bleiben. Bernhard macht Mittagsruhe, ich habe Dienst. Sehe vom Küchenfenster im Altenheim unseren Besuch nahen. Bin ganz aufgeregt. Bernhard hat sie auch entdeckt, geht ihnen entgegen. Zusammen betreten sie das Heim. Jeden Moment wird der Aufzug sich öffnen. Mit Schürze, von Alten umringt, komme ich mir selbst fremd vor. Werde fremd sein, sie sicher enttäuschen. Sie entziehen sich dem Eindruck, kommen erst gar nicht hoch. Haben an der Pforte schon aufgegeben. Die Omas hocken dort in Hut und Mantel wie im Wartesaal. Hoffen auf Sensationen, besondere Ereignisse. Für Besucher eine unangenehme Fleischbeschau. Bernhard schlägt vor, mein Dienstende im Café abzuwarten. Begrüßungsvorfreude wird verlängert. Die Alten profitieren davon.

12. Oktober

Bernhards Wagen springt einfach nicht an. Wir müssen ihn am Hang parken und rollen lassen. Ist nicht ideal, aber eine Möglichkeit. Montag muß er in die Werkstatt. Das Wetter bleibt undurchsichtig. Die Berge verschwinden im Nebel, der Ort präsentiert sich grau in grau. Schade für unseren Besuch. Sie können kaum was unternehmen. Fuhren mit der Seilbahn in die Höhe. Der Nebel umhüllte sie noch enger, gab die Sicht nicht frei. Bis mittags habe ich noch Dienst. Bernhard besucht Andi, bringt ihn mit zu Grubers. Ich sehe sie vom Altenheim aus aussteigen. Bernhard trägt Andi die Treppe hoch. Sie setzen sich auf den Balkon gegenüber. Bernhard entfaltet dampfende Tüten. Andi schüttelt den Kopf, mag nichts probieren. Bernhard holt Spiele, hat sie extra mitgebracht: die Andi zu Hause soviel Spaß mach-

ten. Er will nicht, starrt vor sich hin, guckt auf die Uhr. Ich beobachte die beiden. Bernhard winkt zu mir herüber, Andi dreht sich
nicht um, sitzt die Zeit ab. Grubers freuen sich über sein Kommen, wollen was Nettes sagen. Andi wird ungeduldig, weiner-
lich, will zum Auto. Bernhard muß das Gespräch abbrechen,
Grubers verstört zurücklassen. Ich sehe den Wagen eilig davon-
brausen. Kenne diese tatenlosen Situationen, habe mich an
Andis Interesselosigkeit gewöhnt. Bernhard stellt sich auch darauf ein, bereitet sich innerlich vor, ist jedesmal niedergeschlagen.
Nachmittags ist ein Fußballspiel mit der Nationalmannschaft.
Wird im Fernsehen übertragen. Andi will es sich ansehen, macht
Bernhard damit eine Freude. Die Übertragung fällt in die Besuchszeit. Mit den Bekannten gucken wir gemeinsam, wie eine
große Familie. Der Tagesraum ist gefüllt, alle sind begeistert, sogar Andi läßt sich mitreißen, debattiert fachmännisch. Macht einen gelösten Eindruck. Unberechenbar ist seine Verfassung,
nicht beeinflußbar, krankheitsbedingt. Ständig muß man sich
umstellen, einstellen, bereit sein für lichte Momente.

13. Oktober

Sr. Gibfriede ist den Tränen nahe. Eine Welt stürzt für sie zusammen. Der Hausmeister war in Urlaub. Kam erst heute dazu, ihren
Schuhschrank aufzustellen. Er war noch immer verpackt, stand
verborgen vorm Zimmer. Das Geheimnis wurde gelüftet. Der
Hausmeister enthüllte einen mittleren Kleiderschrank. Mit zwei
Türen und Garderobenstange. Eine einzige Enttäuschung. Ich
kann Sr. Gibfriede nicht trösten, Gottes Fingerzeig ist unüber-
sehbar. Sogar lachen muß ich über den Schrank. Sr. Gibfriede
schnäuzt sich die Nase und nickt einsichtig. Das mußte ja schief-
gehen. Auf dem Weg zur Kirche hatte eine Frau ihr Geld in die
Hand gedrückt. Lief danach eilig fort, wollte irgendwas gutma-
chen. Sr. Gibfriede befühlte den Schein, konnte die Andacht
kaum abwarten. Eilte ins Kaufhaus und bestellte den lang er-
sehnten Schrank für die Schuhe. Ich hatte mich gleich über den
Verbrauch des anvertrauten Geldes gewundert. Der Zufall und
die Kaufgelegenheit während des Urlaubs hatten diese Versu-

chung begünstigt. Sie ist verzeihlich, doch Sr. Gibfriede trägt
jetzt schwer daran. Kann den Gegenstand irdischer Verführung
nicht beseitigen. Weiß nichts von Kauf- und Rückgaberecht.
Will alles vergessen lassen, ungeschehen machen. Ich rate ihr,
dem Kaufhaus zu schreiben. Die Oberin bestätigen zu lassen,
daß die Ansicht der falschen Lieferung erst heute möglich war.
Das will sie nicht, müßte eingestehen. Ich beknete sie, nun
durchzuhalten. Die Spenderin hat es verdient, wenigstens einen
Menschen glücklich zu machen. Außerdem muß das Monstrum
weg, keiner will es haben. Ihr fällt eine Bekannte im Kaufort ein.
Die wird sie um Vermittlung bitten. Ich drücke die Daumen,
hoffe für sie. Die Aktion muß ein gutes Ende nehmen. Sr. Gibfriede hat sowenig Freude, auch die Geldgeberin muß Ruhe finden. Ich hänge mich an diesen Fall, als könnte er auch mir die
Wende bringen.

15. Oktober

Ich habe heute frei bekommen. Bernhard will eine Tour mit mir
machen. Die Umgebung hat er erwandert. Braucht Eindrücke
nur anzudeuten, ich weiß, wovon er spricht. Die Natur gibt ihm
soviel wie mir, das verbindet. Unser Auto hält nicht viel vom
Fahren. Heute abend erwartet die Werkstatt den Wagen. Jetzt
muß er uns noch so kutschieren. Rollt bergab, springt trotzdem
nicht an. Wir schieben, drücken, streicheln ihn, nichts tut sich.
Schweißgebadet sehen wir die Unternehmungen ins Wasser fallen. Ein Bierwagen hält, schleppt uns ab. Mutig fahren wir
drauflos, nehmen den Schutzengel mit. Sogar über die Grenze
nach Österreich. Endlos ist die Mautstraße, rechts und links
kein Ausscheren möglich. Öffnet sich erst auf einer Alm, am
Ende der Welt. Den Wagen parken wir wieder am Hang. Geben
uns mit dem Rundblick nicht zufrieden. Stürmen an erdverbun-
denen Leuten vorbei, erklimmen die Höhe. Es lohnt sich kaum,
die Berge verschließen sich, schachteln sich ineinander. Eine
Hütte wartet, neuerbaut. Nach einer steilen Kurve sammelt sie
enttäuschte Gipfelstürmer. Es scheint mehrere unseres Schlages
zu geben. Abwärts überrascht uns Regen, erweicht den Boden,

rutscht uns ins Tal. Vermatscht mit knirschenden Gelenken schleppen wir uns zum Wagen. Haben wieder was erlebt, sind aber nicht erfüllt. Gemeinsame Anstrengung wird zur Forderung. Andi wird nicht geschont, wir wollen uns auch nicht erholen. Wollen uns zwingen und Stärke beweisen. Uns gegenseitig Fitsein bestätigen. Keiner gibt auf, macht schlapp. Jeder soll das vom anderen wissen, sich darauf verlassen können, beruhigt sein. Ich bin es, wenn Bernhard bei mir ist. Er sieht schon richtig zünftig aus. Bundhose, Socken und Schuhe machen ihn zum Urlaubsbayer. Ich habe mich noch nicht sichtbar eingebürgert. Die Oberin will mir unbedingt ein Dirndl andrehen, will mich dafür auch mästen. Ich glaube, ich könnte es nie füllen.

16. Oktober

Maria ist kaum ansprechbar. Sie schnüffelt durch die Nase, kann nichts riechen. Dieses Leiden plagt sie schon lange. Ich verharmlose, ihr entginge dadurch mancher miese Geruch. Sie wird noch böser, kann auch mich nicht mehr riechen. Zum Arzt geht sie nicht, der Mann will ihr was. Zumindest spricht sie jetzt über die Qual, setzt Verständnis nicht mehr voraus. Wir fachsimpeln gemeinsam, erforschen den Beginn der Krankheit, sehen unbehandelte Folgen, malen sie aus. Maria ist Mittelpunkt, sie genießt es. Ohne Geruchsinn schnauft sie zufrieden „Jo, mei". Sie verspricht uns endlich, sich behandeln zu lassen. Weiß nicht, daß sie dafür freibekommt. Glaubt es auch nicht. Stiert in die Runde, als wäre ihr dadurch bisher was entgangen. Sr. Gibfriede unterbricht die Besprechung. Sie vermutet Gerede über sich. Wer mißtrauisch ist, hat meist Grund dazu. Ich sage es lachend, gilt auch für Maria. Sr. Gibfriede sucht krampfhaft Betätigung. Ich soll Schilder malen. Jeden Topf plakatieren und Beschriftungen erneuern. Das macht mir Spaß, ich versenke mich. Lege Herz und Seele in die Verschönerung. Auch die Gerätekammer muß dran glauben. Ich reiße das fehlerhafte Türschild ab, einige mich unter Gejohle mit Resi. Ersetze es durch ein buntes Exemplar, auf dem prangt: „PUTZBÜRO, Sprechstunden nach Vereinbarung." Die polternden Schritte der Alten verweilen, buchstabieren den Hinweis, erheitern sich. Abends gehe ich mit Bernhard ins Kino. Etwas müssen wir unternehmen, die Tage mit gewissen Akzenten versehen. Romy Schneider verspricht uns das. Wir überlassen uns ihr, widmen ihr die Stunden. Ich werde müde, kann nicht mehr folgen, schlafe fest. Der Film ist aus, das Licht geht an, mein Traum wird unterbrochen. An Bernhards Schulter war er schön. Zu schön zum Träumen.

17. Oktober

Bernhard geht mittags zu Andi, übernimmt meine Besuchszeit. Holt ihn von der Schule ab, wartet während des Essens auf ihn, liest vor. Die Schwestern sollen sehen, wir sind vernünftig. Mir tut es auch gut. Ich brauche nicht zu hetzen, kann in Ruhe essen und was erledigen. Wasche Bernhards Sachen, bügele sie im Plättraum. Alles steht zu meiner Verfügung. Das ist für mich auf Dauer sehr wichtig. Sehr viel haben wir nicht voneinander. Nutzen die verbleibende Zeit aber sinnvoll. Unentwegtes Zusammensein hätte fatale Folgen. Müßten auf gegenseitige Rücksicht und Freude aneinander verzichten. Wir brauchen den Abstand und die persönliche Achtung. Dürfen uns bei aller Sorge um Andi nicht selbst vergessen. Wenn er gesund wird, darf die Krankheit keinen Trimph über uns jubeln. Gute Einflüsse und Eindrücke sollen Zutritt erhalten, negativen wird die Aufnahme verweigert. Diesen grundlegenden Befehl geben wir uns selbst. Es wird nicht leicht sein. Wenige Signale sind eindeutig klassifizierbar, die meisten aber gut gemeint. Bernhard geht allein zum Chefarzt. Ich mag nicht mit. Sehe ihn oft, es gibt nichts zu sagen. Vielleicht bringt das Männergespräch mehr. Es brachte nicht viel. Ich hole Bernhard ab, er ist sichtlich froh. Der Chefarzt legte die ganze Tragik noch mal dar. Er erwartet Verständnis, da „alles drin ist", bat um Geduld von Mann zu Mann. Wohin mit Verständnis, Einsicht, Geduld? In uns mangelt es an Platz. Wir sind erfüllt mit Liebe und Hoffnung. Wir können uns nicht davon trennen, nicht aussortieren, umordnen. Vor Weihnachten wird Entlassung nicht möglich sein. Damit finden wir uns ab. Wird langsam sogar erstrebenswert. Dieses stimmungsvolle Fest mit versammelter Familie in Andis momentaner Verfassung ist kein Wunschtraum. Die Heimfahrt braucht einen weniger aufwendigen Rahmen. Der Chefarzt begrüßt diesen Entschluß. Die Wirkung der Medikamente wird sich bald zeigen, muß eine Richtung weisen. Vier Patienten dieser Art hat er bisher betreut, immerhin ganz viele. Alle reagierten anders. Ergaben keine eindeutigen Verlaufskurven. Das Ergebnis bleibt fraglich, nicht vorherzusagen, unübertragbar. Also auch voller Hoffnung, Wunder, Einmaligkeit.

18. Oktober

Bernhard bekommt den Wagen wieder. Die Werkstatt hat ihn repariert, ist rechtzeitig fertig geworden. Sogar Inspektion wurde gemacht, der Wagen beim TÜV gleich vorgestellt. Das erleichtert Bernhard sehr. Hat er zu Hause einen Tag gespart. In der Klinik ist heute toll was los. Jubiläum wird gefeiert. Auch die Isolierstation und neuerbauten Schwesternzimmer werden gleichzeitig eingeweiht. Die Kinder haben fleißig gemalt. Mit Farben und Stiften die Klinik gestaltet, den Werdegang beobachtend festgehalten. Viele Gäste sind eingeladen, sogar ein Minister kommt persönlich. Die Kinder singen und werden befragt, geben artig Antworten. Es ist ein Freudentag fürs ganze Haus. Die Kinder genießen die Besonderheit, können die Eindrücke kaum verkraften. Hähnchen werden angeboten, richtig große, knusprige. Sie stürzen sich darauf, dürfen Reduktion vergessen. Auch Andi wird mitgerissen, fühlt sich unter seinesgleichen wohl. Sie halten zusammen, bündeln sich stationsweise, entdecken ihre Freundschaft. Im Durcheinander der Festlichkeiten entsteht ein kleiner ruhender Pol. Der Ehrentag stand in der Zeitung. Die Bevölkerung wurde aufgefordert, sich die Klinik anzusehen, hat sonst keine Gelegenheit dazu. Ströme Neugieriger ziehen durch die Gänge. Die Patienten werden in die Zimmer verbannt, wie Affen im Käfig bestaunt. Sie dürfen sich keiner Ansteckung aussetzen. Die Bazillen machen keine Pause, sind ständig auf dem Sprung.

Wir können Andi nicht besuchen. Er wird Ärzten und fachkundigen Ehrengästen vorgestellt. Seine seltene Erkrankung verdient besondere Beachtung. Andi mag es nicht. Will in Ruhe gelassen werden, nicht herausragen. Bernhard und ich machen inzwischen einen ausgedehnten Spaziergang. Gleich hinter dem Heim beginnt der Weg. Schlängelt sich sanft ansteigend um die Berge, schenkt freien Blick. Ist für Alleingänger und ältere Semester ideal. Deshalb wurde das Heim wohl auch hier erbaut. Die Bewohner nutzen die nahe Gelegenheit nicht. Schließen sich nicht zusammen. Die wunderschöne Umgebung ist nur ein Bild, in dem sie stundenlang nach belebenden Punkten suchen. Die Natur bietet ein stets wiederkehrendes Schauspiel. Sie haben es lange genug genossen. Gehört mit zu ihrem gewohnten Alltag.

19. Oktober

Bernhards Urlaubstage sind zu Ende. Der Abschied wird immer routinierter, vernünftiger. Kaum ist er gut zu Hause angekommen, dürfen wir uns schon wieder auf ihn freuen. Gut, daß wir die Ferienplanung so hinbekamen. Jeden Monat acht Tage. So kann man's durchstehen. Kuki, Andis großer Elefant, muß auch wieder mit zurück. Die Kinder haben ihn bestaunt, und Andi zog stolz mit ihm rum. Zum Dableiben reicht der Platz nicht. Spielsachen müssen auch sortiert und ausgetauscht werden. Bernhard stapelt sie zu Hause und bringt sie beim übernächsten Besuch mit. Dann hat Andi wieder was davon. Auch der Verwöhnung müssen wir so begegnen. Die Gefahr ist sehr groß, Ansätze kaum noch zu vermeiden. Wir müssen die Krankheit als Teil seines Lebens sehen, nicht als abzuschneidendes Stück. Andi soll nicht nur körperlich, sondern auch seelisch gesund werden. Man kann soviel richtig oder verkehrt machen, aber nichts erkaufen. Bernhard fährt während der Besuchszeit ab. Es ist besser für uns alle. Ich bleibe bei Andi, lese vor und spreche mit den Kindern. Verlasse die Klinik und suche Bernhard. Er wird sicher schon auf der Autobahn sein. Hoffentlich kommt er gut an, ich kann mich doch nicht teilen. Langsam gehe ich zum Heim. Habe es selten zu Fuß getan. Der Weg zieht sich, will kaum enden. Im Zimmer erwartet mich mein Koffer. Lieblos reingeworfen, springen die

Sachen mir entgegen. Ich werfe sie ebenso gefühllos in den Schrank, knalle die Tür zu. Ich bin irgendwie müde, kaputt, schlecht gelaunt. Schlafen könnte ich nicht, also lieber arbeiten. Wie gut, daß ich's darf. Schürze um und auf Station. Sr. Gibfriede kann es nicht lassen, „der Herr Gemahl" ist ihr eingewachsen. Ich drohe ihr, „mein Mann" ist weg, und sie tröstet mich.

20. Oktober

Hurra, Sr. Gibfriedes Kleiderschrank wird geholt und dafür ein Schuhschränkchen geliefert. Nonnenkluft und Altenheim haben unbürokratisch gewirkt. Sr. Gibfriedes Freude ist nicht stürmisch, eher ist sie erleichtert. Sie nimmt mich an die Hand, zieht mich durch dunkle Gänge. Auf Zehenspitzen darf ich in ihr Heiligtum, muß das Mobiliar betrachten. Das Zimmer ist karg, wie eine Zelle. Alles Ton in Ton weiß, ohne Staubfänger und Luxusartikel. Der Schuhschrank hebt sich grell leuchtend ab. Nicht mit den bestellten Röschen, sondern mit knalligen Rosetten. Aber das Format stimmt. Sr. Gibfriede öffnet andächtig die Fächer. In der Tiefe stehen ausladend zwei Paar Treter. Sie versenkt sich in den Anblick, ich sehe mich um. Entdecke auf dem Flur die Tür zu einer alten Kapelle. Von oben kann man hinunterblicken. Genau auf den heiligen Antonius und die Kanzel. Das Kreuz ist schon morsch. Die paar Bankreihen sehen zwingend zu mir hoch. Mir ist hier nicht wohl, ich will lieber gehen. Sr. Gibfriede steht hinter mir, ich erschrecke. Dieser Teil des Heimes ist der Altbau, früher ein Krankenhaus. Wo ich wohne, im 2. Stock, waren die Krankenzimmer, und der Fernsehraum im Erdgeschoß war der Operationssaal. Sr. Rosalinde wohnt unter mir, das kriege ich jetzt mit. Um vier Uhr morgens klopft sie ihre Matratze aus. Von mir aus darf sie's. Wenn der Lastenaufzug seine Touren beginnt, bin ich sowieso wach. Habe keine geistvolle Tätigkeit, die klaren Kopf beansprucht. Der Schlaf übermannt mich hier selten. Obgleich ich bis zur Dunkelheit spazierengehe. Jeden Tag das gleiche, bei jedem Wetter. Ich brauche die Ausgänge und bin wie ein Schwamm. Nehme Geräusche, Gerüche,

Veränderungen auf. Sie heben meine Stimmung, tragen die Sorge mit, machen sie leichter. Oft telefoniere ich auch noch spät. Schleiche mich aus dem Haus, werde meist von Sr. Almuth erwischt. Der gute alte Hausgeist bewacht uns ohne Pause. Erst glaubte sie mir den Grund nicht. Nun rät sie schon treffend die Fernsprechteilnehmer. Die Telefonzelle steht an der Straße. Sie ist oft besetzt, manchmal kaputt. Alle öffentlichen Apparate kenne ich im Ort, wandere sie geduldig ab. Im Heim ist nur der Hauptanschluß. An der Büropforte kann man um Vermittlung bitten. Für vierzig Pfennig pro Einheit. Die Bewohner würden gern telefonieren. Wenige haben Apparate im Zimmer, können es sich leisten. Die anderen scheuen sich, das Personal zu bitten. Sie müssen sich kurzfassen, der Anschluß darf nicht blockiert werden. Ab zehn Uhr abends, wenn's billig ist, besteht keine Möglichkeit mehr. Warum installierte man im Haus keine Zelle. Die Bewohner könnten ungestört quatschen, auch den Nachttarif in Anspruch nehmen. Wären von Witterungen unabhängig, und sogar das Warten bei Ansturm würde Kontakte pflegen. Die Jugend bedient sich des Fortschritts, der entfernungsüberwindenden Errungenschaften. Die Alten bedürfen derer, haben beschwerlichen Zugang. Die Möglichkeiten müßten ihnen angeboten werden, das Versäumnis nachzuholen sein.

21. Oktober

Andis Handgelenke sind schwer beweglich. Lassen sich nicht genug nach außen biegen. Er bekommt Armschienen. Ziemlich schwere Gipsschalen. Abends werden sie angebunden, beim Umdrehen klappern die Gestelle. Wenn er überhaupt schläft, wacht er davon auf. Muß wohl sein. Sein Nachttisch wird immer voller. Geräte, Fangotücher, Sandsäcke türmen sich auf ihm. Auch sein Bett wird immer mehr umrahmt. Alles Mittel, die ihm helfen sollen. Andi fühlt sich nicht erleichtert. Eher beschwert, beengt, behinderter. Er spricht nicht darüber, ist nur enttäuscht, schüttelt fassungslos den Kopf. Blaß ist er und so schmal. Hosen schlappern um die Beine, Gürtel liegen schwer auf der Hüfte. Kleidung wird schwierig. Er darf nicht zuviel tragen, frieren auch nicht. Ich muß mal nach einer Weste gucken. Die vor Wind schützt und nicht aufträgt. Den Roller benutzt Andi immer noch nicht. Schleppt sich den Gang lang, schleift seine Mappe. Er hat sich wieder eingekapselt. Ist schwer, an ihn heranzukommen. Die Lehrerin empfindet es nicht. Sie wäre froh, wenn alle so wären. Andi macht seine wenigen Aufgaben, konzentriert sich darauf. Ist vor den anderen fertig und wartet still auf Anweisung. Sagt: „Zum Glück ist die Krankheit nicht in den Kopf gestiegen", und auch ich bin sehr dankbar dafür. Aber sonst ist er kaum zu interessieren. Der Geist ruft nicht nach Futter. Begnügt sich mit einer Stunde Schule. Ruht sich dann aus. Die Kinder lungern alle herum. Ärgern sich, beginnen Spiele, beenden sie kaum. Kleine Kinder werden von größeren umsorgt. Getragen, gezogen, bekommen Lustiges beigebracht. Die Eltern werden sich wundern! Andis Alter braucht Beschäftigung. Sinnvolle Hobbies, Hinlenkung auf geistiges Wissen, Förderung der persönlichen Interessen. Die Möglichkeit bietet sich an. Eß- und Schulzeiten sind bei allen gleich, die Kinder können ständig in Gruppen zusammengefaßt werden. Vier Monate ist Andi nun schon hier, viele noch länger. Es muß etwas geschehen. Die Kinder dürfen den Anschluß nicht verlieren. Durch körperliche Behinderung sind Freizeitbetätigungen begrenzt. Aber die Kinder sind ruhig, durch Erlebtes reifer und ehrgeizig. Förderung und Hinwendung wären hier gut angelegt, ein lohnender Job. Eine Stunde Besuchszeit reicht nicht für derartige Aktivitäten. Bücher und Utensilien aller Art schaffe ich ran, mehr ist nicht drin. So darf es nicht mehr lange gehen. Der Anschlußzug fährt uns sonst ab. Ich stehe auf dem Bahnsteig und kann die Fahrt in stumpfsinnige Resignation kaum verhindern. Ein „Stop" und Umkoppeln würden diese Klinik erst zu einer besonderen machen.

23. Oktober

Sr. Gibfriede ist in Exerzitien. Eigentlich wollte sie gar nicht, war dran und mußte fahren. Sr. Rosalinde streift sich die Ärmelschützer über und bearbeitet den Herd. Er muß immer wie neu aussehen. Ist das Aushängeschild der Etage. Dabei erläutert sie mir den Begriff „Exerzitien". Für Tage der Besinnung und Einkehr stehen besondere Stätten des Gebetes zur Verfügung. Aus dem gesamten Bundesland treffen sich dort viele Schwestern, um eine Woche lang in sich zu gehen. Am Ankunftstag dürfen sie sich begrüßen, Erfahrungen austauschen, einfach miteinander reden. Nach dem Abendessen beginnt die stille Zeit, in der bis zur Abfahrt nicht mehr miteinander gesprochen werden darf. Die Schwestern hören Vorträge von Referenten und Geistlichen, beten viel und sammeln sich in absoluter Ruhe. Sr. Rosalinde steht mit gefalteten Händen vor mir. Ist selbst ganz ruhig geworden, ausgeglichen, in seliger Erinnerung. Ich bin gebannt, sehne mich auch nach dieser Stätte. Sehe alle Schwestern mit verklärtem Ausdruck leicht dahinschweben wie Engel. Finde Sr. Gibfriede dazwischen. Ob die Ruhe und Friedfertigkeit auch ihr Inneres erreicht? Macht sie diese diktierte Einkehr nicht noch kribbeliger? Acht Tage nicht reden. Sr. Gibfriede wird das schwerfallen. Sie war immer ganz zufrieden. Sie kannte das Leben nicht anders, hätte es auch nicht kennenlernen sollen. Die alten Bewohner mit Bedürfnissen, Eigenarten, Freiheiten lassen sie ihre Verzichte entdecken. Nachholen ist unmöglich, nur das Angleichen bleibt. Die Alten müssen Sr. Gibfriedes Nachholbedarf mittragen. Ihnen wird der Verzicht auferlegt. Sie wehren sich kaum. Glauben selbst, daß Muße und Untätigkeit ihnen am besten bekommen. Persönlichkeit und Lebensstil verschwimmen ineinander. Machen alle gleich, zu gleichen Alten. Jahrzehnte stehen oft zwischen ihnen. Anspruchslos lassen sie sich vom Altsein verschlingen, zählen nicht mehr. Man hat das Alter würdig zu tragen. Ein guter Alter ist ein stiller, der keine Fragen stellt. Davon gibt's hier viele. Es ist ein gutes Heim.

24. Oktober

Andi fragt nach dem geklauten Rad. Ich glaube, er sorgt sich, es könnte hierbleiben. Ich fahre mittags zur Jugendherberge. Suche die Gegend ab, finde den Keller. Alles voller Räder, Ullas ist nicht darunter. Gestern glaubte ich, es vor einem Geschäft entdeckt zu haben. Sprang in den Laden, belästigte den Kunden. Er hatte Verständnis für mein Drängen. Kleinigkeiten am Rahmen entschärften meinen Verdacht. Die Suche bleibt, ich kann mich nicht davon befreien. Auch Resi sucht auf dem Heimweg schon mit. Macht Umwege und ruft aufgeregt an.

Heute schleppte sie Schaufel und Handfeger in einer gewaltigen Tragetasche. Sie will die Maulwurfshügel abtragen. Haufen für Haufen auf den Wiesen. Die Erde nach Hause transportieren und im Garten ausstreuen. Sie soll die Blütenpracht verschönern. Resi ist mit freudiger Energie bei der Sache, würde allein damit schon für Wachstum sorgen. Sie muß immer was unternehmen, anschaffen, umsorgen. Ihr Häuschen, unter Entbehrungen selbst errichtet, wird ständig umgeändert. Ich soll mal kommen, möchte es auch. Hab keine Zeit. Sr. Rosalinde geht's genauso. Sie weiß nicht, wo ihr der Kopf steht. Überall wird sie gebraucht und kann auch helfen. Sie wurde vom Orden ausgebildet, aber Laienschwestern gibt es auch. Ich weiß nicht, was die machen. Kann mir darunter nichts vorstellen, denke an Theater. Sr. Rosalinde erklärt mir: Laienschwestern „dürfen die Tugend der Demut üben". Und heißt, daß sie putzen, saubermachen, einfach Ordnung halten. Das tue ich hier auch. Unter dieser Bezeichnung ist es eine würdevolle Tätigkeit.

25. Oktober

Andi hat ein Schiff mitgeklebt. Die Langeweile trieb ihn zur Mitarbeit und überwand seine Abneigung gegen klebrige Hände. Leider ist es nicht seefest geworden. Die Jungs beschuldigen sich gegenseitig. Können das Sinken nicht verhindern. Lecks blubbern sich voll Wasser. Das Wrack scharrt unbeachtet auf dem Waschbeckenboden. Die Kinder ersinnen schon neue Objekte, bestürmen mich mit Aufträgen. Thomas möchte ein Schiffsmodell haben. Sein Glück noch mal allein versuchen. Die Art ist egal, nur nicht zu klein. Er kann nicht gut mit den Händen arbeiten. Jochen springt ganz hoch. Entscheidet sich im Flug für einen Hubschrauber. Andi will lieber selber aussuchen, ein ganz bestimmtes Modell. Zum Spielzeuggeschäft fährt der Rollstuhl fast allein. Der Verkäufer hilft Andi in den Laden, er kennt ihn schon. Viel kann er nie absetzen, aber die Zeit summiert es. Andi tönt aufgeweckt hinter den Playmobilen „angucken ist der halbe Kauf". Dafür läßt er sich sehr viel Zeit. Entscheidet sich für ein Modellschiff einfachster Art. Er muß erst mal sehen, ob es ihm liegt und auch gelingt. Das ist sehr vernünftig gedacht. Erwartungsvoll hält er die Pakete seiner selbstgestellten Aufgabe. Ich freue mich riesig über diesen Kauf. Unterwegs vertieft er sich schon in die Beschreibung. Ich sehe Seiten von verwirrenden Schwarzmalerien. Werde ihm nicht helfen können. Die Miniaturteile allein versetzen mich schon in Schrecken. Außerdem muß ich mich Andis behutsamer Beförderung widmen. Die Leute halten mitten im Weg an. Bemitleiden uns, statt Platz zu machen. Halten mich teilweise am Ärmel zurück, um nach der Krankheit zu fragen. Hilfsbereit sind sie meist da, wo Hilfe unnötig ist, ja aufdringlich wirkt. Die Bordsteine sind mir der schlimmste Greuel. Unentwegt unterbrechen sie den Bürgersteig, machen den Autos großspurig Platz. Sanft muß ich Andi an der Kante herablassen. Das gesamte Bruttogewicht ruht freischwebend in meinen Armen. Trotzdem kann ich Andi Schmerzen nicht ersparen. Seine fehlenden Muskeln registrieren jede Veränderung. Er sitzt auf Kissen und einer Decke, wie die Prinzessin auf der Erbse. Der Vergleich ärgert ihn.

26. Oktober

Der Koch pfeift mich heran. Geht in den Keller, in den Kühlraum. Ich folge ihm mutig. Ein großes Stück Eistorte überreicht er mir. Für Andi und die anderen. Das finde ich lieb, richtig nett. Fahre schnell damit zur Klinik und gebe sie Schwester Sigrid zur Verteilung. Sie wird es schon richtig machen, die Reduktionen mitbeachten. Es soll keinen Ärger geben. Aus dem Grunde werden die Süßigkeiten auch rationiert. Für jedes Kind ist ein Körbchen vorhanden, in dem Leckereien landen. Sonntags wird ausgeteilt und das Guthaben bewundert. Ein leerer Korb oft aus einem übervollen bestückt. Das bringt Tränen und die Vorratshaltung durcheinander. Mißtrauen erfüllt die gutgemeinte Aktion. Pakete werden blitzschnell entleert. Süßigkeiten unterm Bettzeug zerquetscht oder prompt in den Mund gestopft. Zimmerbesuche der Nachbarkinder enden oft mit dem Verlust der gehorteten Sachen. Andi bringe ich nur soviel, wie er in meiner Gegenwart aufessen kann. Alles andere verschenkt er, bekommt sogar Geld dafür angeboten. Die Probleme sind vielfältig.

Ich muß mich endlich auch von einem meiner Probleme befreien, muß unbedingt mein Fernstudium beenden. Ein Semester hatte ich schon, in Malerei und Zeichnen. Bernhard brachte mir alle Materialien mit, ließ mich damit allein. Ich muß mich einfach aufschwingen. Habe mich entschlossen, das zweite Semester mit einem Zeugnis abzuschließen. Andi wird sicher später fragen, was aus dieser Arbeit wurde. Er hatte mein Lernen und Fabrizieren mit Interesse verfolgt. Wenn ich aufgebe, könnte es ihn belasten, würde er seiner Krankheit die Schuld geben. Ich will ihn nicht unfrei machen. Daß ich hier bin und bei ihm bleibe, ist mein eigener Entschluß. Er darf nicht denken, ich versäumte was, müßte auf irgend etwas verzichten. Deshalb muß ich weiter machen. Es treibt mich äußerlich, innerlich wollen die Aktzeichnungen nicht Gestalt gewinnen. Zu dumm, daß sie nun gerade auf dem Plan stehen. Ich habe kein Modell, sehe nur alte Menschen vor mir. Aber auch die wollen sich nicht aufs Papier bringen lassen. Der Tisch reicht nicht fürs Zeichenformat, die Funzel nicht für Sicht. Auf dem Boden knieend, halb unter dem Bett, absolviere ich die Aufgabe. Braune, blaue und schwarze Körper. Die abgemalten sind nicht übel. Den freigeschaffenen fehlt es vorne und hinten an Form. Ich brauche die meiste Zeit für den Begleitbrief an meinen korrigierenden Meister.

27. Oktober

Sr. Gibfriede ist wieder zurück. Hat bei den Exerzitien viele Bekannte getroffen. Konnte kaum mit ihnen sprechen. Die Woche der Einkehr tat ihr gut. Sie legt sich richtig ins Zeug, wirft mit Schwung die Schürze über und klatscht in die Hände. Frau Vetter schleicht inzwischen zum Aufzug. Guckt verängstigt über den Flur und drückt ungeduldig auf den Knopf. Der Fahrstuhl kommt nicht schnell genug, statt dessen Sr. Gibfriede. Warum will Frau Vetter schon wieder weg? War doch erst neulich bei ihren Kindern. Sie hat gerade erst gefrühstückt und erwartet in einer Stunde den ersten Gang des Mittagessens. Der Ausgang lohnt sich also nicht. Und nach dem Essen ist's genauso. Mit aufgerissenen Augen stottert Frau Vetter triftige Gründe. Der Enkel ist krank, sie muß nach ihm sehen. Sr. Gibfriede versteht das nicht. Erinnert strafend an die nach Wunsch gelieferten Speisen, die dann auf ihren Verzehr warten. So darf das nicht weitergehen. Eine Schande, das Essen zu mißachten. Außerdem müssen wir mit dem Geschirr auch fertigwerden. Können nicht immer auf Frau Vetter warten oder wenn es Frau Vetter genehm ist, zu speisen. Frau Vetter bekommt wäßrige Augen, ringt mit den Händen, tappelt zurück. Hochaufgerichtet sieht Sr. Gibfriede hinterher, die Hände auf den füllingen Hüften. Sie kommt in die Küche, rechtfertigt sich. Die Kinder können ja herkommen, der Mutter den Weg ersparen. Sie hat schließlich die Verantwortung. Bekommt sie aufgeladen, wenn was passiert. Und das Essen – immer hat Frau Vetter Wünsche. Man macht sich die Mühe, sie ist einfach nicht pünktlich da. Ich verweise auf Frau Schützenberger, die sich weder um Essen noch um Zeiten kümmert. Die grundsätzlich macht, was sie will. Deren Sonderstellung man sogar noch umsichtig unterstützt, sie zum regen Gebrauch geradezu auffordert. Sie darf auch klingeln, wenn sie was braucht. Das wäre bei anderen Sterblichen eine Frechheit. Auch zum Schuhebinden muß eine kommen. Auf den Knien den Endlossenkel durch unzählige Ösen bohren. Muß zum Schnüren aufstehen und sich mit den Bändern in die Höhe recken. Frau Schützenberg liebt straff geschnürte Schuhe. Die Damen wohnen nebeneinander. Die eine weint jetzt, die andere schlummert noch im Bett. Ich möchte keine von beiden sein. Da ist mir gleiche Behandlung wie in der Kinderklinik lieber. Da gibt's keine Klassenunterschiede, Verwöhnungen oder Strafen. Da spuren die Kinder auf Kommando. Alle gleichermaßen, aneinander orientiert, aufeinander angewiesen. Nebeneinander die Zeit verbringend. Nur das Miteinander fehlt, dort wie hier.

29. Oktober

Ich laufe ins Büro. Kann mir nicht denken, daß keiner schreibt. Vielleicht enthält man mir die Post vor. Die Oberin grinste so vielsagend. Sieht Hoffnungen auf mein Hierbleiben wachsen. Frau Macher hat mich schon erwartet. Fingert Vermißtes unter der Schreibmaschine hervor. Hat die Post abgefangen und unzensiert deponiert. Fragt, ob ich mit der Maschine schreiben kann. Es reicht für den Hausgebrauch, ich mußte es zur Ausbildung mal lernen. Frau Macher freut sich, das ist ja gut. Sie will mich ins Büro holen. Ihre bisherige Kollegin mußte wegen Krankheit kündigen. Bis eine passende Nachfolgerin gefunden wird, soll ich mein Glück versuchen. Sie will frischen Wind bei der Arbeit haben, verspricht ihn sich von mir. Hoffentlich enttäusche ich nicht. Frau Macher ist optimistisch. Am 3. November soll ich schon anfangen, die auf der zweiten Etage verlassen. Ich sorge mich um Sr. Gibfriede. Sie wird denken, ich hätte um Versetzung gebeten. Wird mich für undankbar halten. Ich weiß auch nicht, ob ich wirklich will, mich über den Wechsel freuen soll. Habe mich endlich eingelebt, zurechtgefunden und Zutrauen erfahren. Muß nun umdenken, meinen Kopf anstrengen und Kameradschaft pflegen. Höherstufung wird intern nur ungern gesehen, kaum akzeptiert. Schon gar nicht bei einer Zugelaufenen. Die Oberin zwinkert verschwörerisch. Mich rührt die Ehre, belastet aber auch. Aus vorübergehender Beschäftigung wird verantwortungsvolle Arbeit. Andi wurmt meine Verbesserung. Ich scheine gut zurechtzukommen, fühle mich wohl, werde anerkannt. Habe sicher kein Interesse an schneller Heimfahrt. Er weiß, daß es nicht stimmt. Läßt sich zärtlich umarmen. Ich muß noch zur Sparkasse, das Klinikgeld holen. Zwänge mich gerade noch durch die sich schließende Tür. Bernhard hat mir das Sparbuch gegeben. Von hier aus ist die Begleichung leichter. Nur das Geld zu bekommen, ist schwieriger. Man kann es mir partout nicht aushändigen. Bin nur die Frau des besitzenden Mannes. Ausweis und Leumund, Klinik und Altenheim garantieren keine Sicherheit. Nicht ums Geld bangen sie, sondern daß Bernhard sein Einverständnis verweigern könnte. Das Sparkonto wurde gemeinsam eröffnet, ich aber habe keinen Zugriff. Vorne fehlt mein Name. Ich bin maßlos enttäuscht, befürchte Schwierigkeiten in der Klinik. Sie sprechen mich täglich auf Zahlung an, können mich einfach an der Pforte abfangen. Nun hat die Post auch noch zu. Ich werde leise wütend, grolle vor mich hin. Hetze abends zum Bahnhof, schicke das Sparbuch an Bernhards Arbeitsstelle. Er muß meinen Namen schnellstens nachtragen lassen, für beglaubigten Anspruch sorgen. Heute bin ich sogar müde. Übermüdet und ausgefranst. Ich fürchte, aus dem errungenen Gleichschritt zu kommen. Bin lustlos, neuen Tritt zu fassen. Warum wehre ich mich am falschen Platz? Man meint es doch gut mit mir. Will mir helfen und durch Anerkennung mich erfreuen. Andis Festung muß gestürmt werden. Der Kampf zieht sich hin. Ich muß die Unzufriedenheit bekämpfen.

31. Oktober

Dr. Teuer ist Human-Mediziner. Mit knarrenden Schuhen trappelt er über die Gänge, erfüllt die Zimmer mit Menschlichkeit. Seine Droge ist aufmerksame Zuwendung. Auch Sr. Gibfriede wird von ihm behandelt. Er darf sie im Tagesraum überallhin spritzen. Sogar meinem Fuß widmet er sich, hatte die Nachbehandlung übernommen. Der angebohrte Knochen ist gut verheilt, die Narbe ein Erinnerungsstrich. Wir lachen über die Unwichtigkeit. Andis Krankheit macht ihm große Sorgen. Er wälzt Bücher und erkundigt sich. Die unbekannte Entstehungsursache und mangelhafte Behandlungsmöglichkeit sind die einzigen Auskünfte. Das entsetzt ihn, er möchte so gern raten. Sr. Gibfriede stöhnt durch die Gegend. Die Spritze betäubt den Ischiasnerv nur kurz. So wenig bleibt ihr erspart. Sie trägt besonders schwer an der ihr zugedachten Lebensbürde. Der Glaube erleichtert die Last kaum, schafft nicht den Ausgleich. Auf der Station ist heute was los. Sterbefall und Essenausgabe warten auf unseren Einsatz. Sr. Gibfriede meldet sich ab. Im heillosen Durcheinander, das ihrer Hilfe bedarf, läßt sie uns stehen, allein entscheiden. Sie muß zu „Frau Oberin". Um ein vorgezogenes Gebet bitten. Heute abend kann sie nicht, möchte nun vorbeten, bangt um die Zustimmung. Das ist jetzt aber wirklich schlecht.

Doch sie muß. Fragen und gleich die Pflicht absolvieren. Ich kann mir nicht denken, daß Gott dies gefällt. Möchte wissen, wen Schwester Oberin fragen muß. Das ist ganz einfach. Sie braucht nicht zu betteln. Ist selber Chefin und entscheidungsberechtigt. Warum „Frau" Oberin, frage ich auch. Sie ist keine „Frau", will keine sein. Soll sich durch die Anrede nur vom Gros absetzen. Sr. Gibfriede bedenkt meine Fragen. Sie ist nicht gefestigt, wie Sr. Rosalinde. Sie hat's schwerer als andere. Gott wird Rücksicht auf sie nehmen.

1. November

Ich ziehe Andi aus und den Schlafanzug über. Streife dabei über einen Knubbel am Arm. Andi zieht ihn weg, ich soll nichts entdecken. Neulich war schon mal so ein Aufstand. Am Handgelenk hatte ich was ertastet. Wurde nach Hinweis umfassend geröntgt. Die Aktion brachte keine Diagnose. Die Wölbung blieb, verhärtete sich. Der Chefarzt kommt, ich berichte meine neueste Entdeckung. Andi ist mir böse, verharmlost die Sache. Der Chefarzt tastet und fühlt, gibt Anweisung zur Erforschung. Mich schiebt er hinaus, sieht mich sorgenvoll an. Die entzündeten Muskelfasern scheinen sich nun zu verhärten, zu verkalken. Das wäre eine zusätzlich ungünstige Entwicklung. Ändern kann man nichts an dem Vorgang, ihn verhindern schon gar nicht. Die ganze Behandlung konzentriert sich auf den Stillstand der wütenden Krankheit. Andi muß aufhören, Antikörper gegen sein eigenes Muskeleiweiß zu bilden. Diese Information sickert langsam durch. Ich versuche, sie zu behalten, zu verarbeiten. So wenig war bisher zu erfahren. Das Wissen macht nicht weiser. Die Unwissenheit der Fachleute zieht sämtliche Angstregister. Gemeinsames Achselzucken über Andis Zustand läßt uns nicht zu Leidensgenossen werden. Forschungsdrang und Herzenswunsch aktivieren alle verfügbaren Kräfte. Das Team ist gut. Weiß das aber auch die Krankheit? Schwester Ute hat heute Dienst. Sie ist flott und hat eine kinderfreundliche Art. Andi mag sie, und ich habe sie deshalb besonders gern. Ihre Vermieterin arbeitet im Altenheim. Kennt mich gut, berichtet von mir. Ich muß aufpassen, darf mir nichts zuschulden kommen lassen. Schwester Ute unterstützt mein tägliches Kommen. Findet es für Andi wichtig, würde es auch tun. Andis langer Aufenthalt mit nicht erkennbarer Besserung beunruhigt auch sie. Trotzdem beglückt sie mich, bestärkt meine Hoffnung: „Wenn einer es schafft, die Krankheit zu besiegen, dann sind Sie es." Wie gut sowas tut. Ist der reinste Jungbrunnen.

2. November

Es ist Sonntag und ich habe Frühdienst, mache zum letztenmal Frühstück auf der Station. Morgen geht es ins Büro. Die Oberin sagte es Sr. Gibfriede, ich traute mich nicht. Sie schleicht um mich rum. Bedauert meine Abwerbung, genießt aber auch meinen Aufstieg. Die Beförderung betraf ihre Etage. Sie hat was zu bieten. Mich zu dem gemacht, was jetzt gebraucht wird. Für Resi tut's mir leid. Wir verstehen uns so gut, haben manches durchgeboxt, zueinander gestanden. Sie haut mir kräftig auf die Schulter: „I scho recht." Wir werden uns finden, wenn wir uns brauchen. Und auch Maria ist zahm geworden, richtig verträglich. Sogar außer Dienst spricht sie mich an, sucht Kontakt, will reden. Hoffentlich leidet diese Beziehung nicht unter dem Stellenwechsel. Um zehn Uhr bin ich an der Klinik. Andi erwartet mich ungeduldig. Das neue Mickymaus-Heft erscheint heute. Jeden Sonntag können wir es holen. Nur am Nebenbahnhof erhältlich. Der Weg ist herrlich, reicht gerade für die Besuchszeit. Andi erzählt, zweimal wurde er gestern geröntgt, wegen seiner Verhärtung am Arm. Ich denke an die Strahlenbelastung, an die Schädigung durch sie. Ein Problem kommt nach dem anderen. Folgeerkrankungen plant man wie selbstverständlich mit ein. Man wird ja so dankbar, ist kaum noch zu erschüttern. Wenn Andi sich über die Mickymaus freut, ist alles andere zweitrangig. Aber die Ungewißheit wartet regelmäßig beim Verlassen der Klinik. Sie ist sehr anhänglich und nicht leicht abzuschütteln. Freiweillig schleppe ich sie mit mir rum, man kann sich an so manches gewöhnen. Im Altenheim wartet man auf meinen letzten Etagendienst. Sr. Gibfriede ist nicht zu sehen, sie scheint tatsächlich Mittagsschlaf zu machen. Ich hatte es mir gewünscht. Sie käme nie dazu, sagt sie, und braucht ihn doch so sehr. Ich gehe über die Gänge, gucke in manches Zimmer. Mir wird richtig weh ums Herz. Eine Etappe meines Lebens geht zu Ende. Frau Wagner versorge ich mit Augentropfen. Sie hat nur einen Arm. Ist sehr geschickt damit, verbittet sich sonstige Hilfe. Keiner kennt den Grund der Amputation, keiner wagt zu fragen. Frau Wagner ist eigensinnig, kann gefährlich böse werden. Ich frage heute danach. Sie dreht mir den Rücken zu, berichtet leise. Wird immer munterer, gelöster. Setzt sich zu mir, nimmt meine Hände, schnupft plötzlich los. Sie will, daß ich bleibe. Ich darf sie nicht verlassen. Natürlich bleibe ich meinen Alten treu, besuche sie oft. Sie sind ein Stück von mir geworden. Die Zeit hat mir mehr gegeben als genommen. Der Gewinn steht ihnen zu.

3. November

Es ist tatsächlich alles anders. Erst um acht Uhr beginnt mein Bürodienst. Ich kann in meinem Zimmer frühstücken. Mir selbst richtigen Kaffee machen und Vollkornbrot essen. Die Brötchen bekommen mir auf die Dauer nicht. Grobes Brot wird nicht geliefert, hier auch nicht verlangt, es ist schließlich ein Altersheim. Auch eine Schürze brauche ich jetzt nicht mehr. Fühle mich direkt nackt und unnütz. Ich überfliege das Innenleben meines Schrankes. Viel Kleidung habe ich nicht hier. Das Putzen verlangte keine großen Variationen. Nun wird es anders. Das Büro ist gleichzeitig Pforte. Am Eingang kann uns jeder durch eine große Scheibe beobachten. Ein Sprechloch darin macht die Verständigung möglich. Ich muß schon was tun, das Heim repräsentieren. Bernhard schreiben, daß er Sachen mitbringt. Muß mal überlegen, was ich eigentlich so habe. Winterkleidung brauche ich auch, es wird schon empfindlich kalt. Andi werde ich einiges kaufen müssen. Seine Sachen sind ihm zu klein geworden. Zum Glück wächst er weiter, trotz der Medikamente. Wir sollten uns freuen, tun es auch. Ich fahre hinunter mit dem Lastenaufzug, gehe hinüber in den Neubau, an der Hauptküche vorbei. Der Koch pfeift, winkt durch die milchige Scheibe. Herr Pfarrer begrüßt mich im Büro. Nach der Frühmesse schließt er die Eingangstür und das Büro auf, übergibt mir den Raum. Ich sehe mich um, komme mir richtig verloren vor. Wäre jetzt gerne auf Station. Ein Bewohner klopft an die Scheibe, gleichzeitig summt das Telefon. Schwester Oberin wallt herein, nimmt es ab. Die Heimbewohnerin kann ich bedienen. So viele Apparate geben Töne von sich, arbeiten ohne Anleitung. Schwester Oberin will mir die Bedienung erklären. Fingert an den Geräten herum, klopft und sucht. Wir probieren es gemeinsam, sie verweist auf Frau Macher. Die soll mir später die Handhabung zeigen. Schwester Oberin liegt die Technik nicht besonders. Drei Jahre plagt sie sich damit schon rum. Frau Macher braust herbei, schleppt Taschen herein, lacht mich unternehmungslustig an. Am Zusatztisch im Hintergrund hatte ich mich schon plaziert, häuslich eingerichtet. Muß nun ihr gegenüber Stellung beziehen. Ganz gemütlich sieht das aus, aber ein Präsentierteller ist nichts dagegen. Ich muß mich daran erst gewöhnen. Um elf Uhr darf ich zu Andi gehen. Ist meine lange Mittagspause. Eine Stunde bei Andi und je eine halbe Stunde zur Fahrt. Das gesteht Frau Macher mir gerne zu. Ich laufe zum Altbau in mein Zimmer. Der Koch fängt mich ab, drückt mir ein Tablett in die Hand. Verführerische Düfte dringen aus den Töpfen. Beim Anziehen spachtele ich den Genuß in mich hinein. Er muß mit Hetze vorliebnehmen. Runter in den Keller, Fahrrad raus. Treppen hochschleppen und ab in die Klinik. Meine Fahrspur ist schon zur Rinne geworden. Ganz zufrieden gehe ich durch den Gang, der die Station von den Klassenräumen trennt. Lehne mich an die Wand und glaube, das Leben meine es gut mit mir. Es wird auch Andi mit einschließen.

4. November

Ich kann und darf schon telefonieren, die verschiedenen Knöpfe drücken, Verbindungen herstellen. Auch den Sprechfunk betätigen, wenn die umherschwirrenden Hauptpersonen benötigt werden. Sogar tippen muß ich schon. Einige Formulare vorbereiten, Akten sortieren und die Ordner beschriften. Ich probiere alles, spitze die Stifte, bin ich meinem Element. Frau Macher lacht, läßt mich gewähren. Sie ist ein wahrhaft prachtvoller Mensch. Ich habe großen Respekt vor ihr. Sie ist der Regisseur dieses Heimes. Alles läuft nach ihrer Entscheidung, mit jedem kommt sie gut zurecht. Sie strahlt Autorität aus, aber bei ihren Aktionen benimmt sie sich wie ein guter Kumpel. Ich möchte sie deshalb nicht enttäuschen, auch nicht unnötig strapazieren. Das Heim gewinnt enorm durch sie, doch ihre kleine Wohnung würde sie nie aufgeben. Frau Macher lacht herzhaft, sie mag die Welt, ist wahrhaft ein Lebenskünstler. Können, Erfahrung, Herzenswärme und Frohsinn stellt sie ohne Zusatzberechnung dem Heim zur Verfügung. Vergißt sich aber selbst nicht, gibt sich nicht auf. Bleibt die Persönlichkeit, die hier gebraucht wird. Ihre Erscheinung ist der erste Kontakt mit dem Altersheim. Ihre Bearbeitung eines Sterbefalls der letzte Dienst an den Bewohnern. Freud und Leid sind ihre Kunden. Beiden wird sie überzeugend gerecht. Fühlt und erlebt mit, ist immer bereit. Ein ständig verfügbares Juwel.

6. November

Die Mutter von Thomas ist gekommen. Nach vielen Wochen das erste Mal. Ich kannte sie nicht, aber sie mich durch Thomas. Er hatte sich sehr auf ihr Kommen gefreut, zeigt es seiner Mutter nun nicht. Sein ausgeglichenes Wesen präsentiert ihr völlige Gleichgültigkeit. Lässig geht er mit ihr um, ist ganz selbständiger, großer Junge. Ich fühle die Veränderung mehr als die Mutter. Sie stürzt zum Schrank, wühlt hausfraulich in Wäschestükken. Schaut aufmerksam in jeden Strumpf, überprüft sämtliche Nischen und Ecken. Erzählt beim Aufräumen, muß Zeit gewinnen. Weiß nicht, wie's mit Thomas weitergeht. Es wird wohl so bleiben wie bisher. Mal zu Hause, dann wieder hier. Sie will nun nach der Entlassung fragen. Über sechs Monate warten sie schon. Viel besser geht's ihm immer noch nicht. Sie seufzt, was kann sie da schon machen. Thomas drängelt, er möchte raus. Muffelt rum, Mutter soll helfen. Er schmeißt sich aufs Bett, hält die Füße hoch. Das heißt übersetzt, bitte Schuhe anziehen. Ich bin erheitert und richtig erleichtert. Diese Gebärden sind Klinikpsychosen. Beim Heimwehanflug werden sanftmütige Patienten zu abwehrenden Rüpeln. Verziehen sich in gepanzerte Stellungen. Erst später sucht die Patschhand den Mutterkontakt. Krabbelt sich richtig in das Stück Heimat hinein. Überläßt sich völlig dem Kindsein. Ich habe das schon oft erlebt. Doch bei Thomas erstaunt mich die Wandlung sehr. Ich hatte ihn für unbeeinflußbar gehalten.

7. November

Fast eine Woche bin ich schon im Büro. Alle sind nett zu mir, umsorgen mich richtig. Ich bin das Kind mit vielen Müttern. Die vielfältige Tätigkeit macht mir Spaß. Ständig muß das Telefon bedient oder mit Besuchern gesprochen werden. Ich kann Frau Macher das Hinspringen abnehmen und auch die Oberin entlasten. Sie sitzt am liebsten in ihrem Zimmer. Pflegt ihre Blumen und wartet auf die Post. Meine Ehrfurcht vor ihr wird zu freudiger Mitarbeit. Der Pater kommt gerne ins Büro. Hat es nicht leicht unter vielen Frauen. Wir lachen gemeinsam über Spinnigkeiten, frischen ihn auf. Frau Macher bleibt über Mittag hier. Ihre Mahlzeit wird im Büro serviert, im kleinen Nebenraum gedeckt, das Essen ständig unterbrochen. Frau Macher trägt es seit Jahren mit Fassung. Ihre Galle ist da viel gereizter. Der Pater hilft ihr beim Verdauen. Raucht genüßlich seine Zigarre, und gemeinsam lösen sie Kreuzworträtsel. Wenn ich von Andi komme, soll ich Lücken füllen. Kann die Raterei nicht vollenden. Aber die Meister pfuschen nie, haben es auch gar nicht nötig. Um fünf Uhr ist mein Dienst zu Ende. Eine Schwester übernimmt das Telefon. Bis sieben Uhr ist es besetzt, wird dann zum Nachtdienst umgeschaltet. Der Pater schließt die Eingangstür. Das Altenheim ist sturmfest verschlossen. Schlüssel gibt es auf Anforderung. Konzerte, Theater, Kino, Besuche müssen um sieben Uhr beendet sein. Das Reinkommen wird sonst ziemlich dramatisch. Die Nachtschwester vom vierten Stock muß kommen. Eine peinliche Situation. Viel habe ich heute nicht geschafft. Nicht so Richtiges, was man sehen kann. Das wird wohl noch einige Zeit so bleiben. Die Verwaltung ist so vielgestaltig. Ob mir die Zeit zum Einleben bleibt? Ich möchte einen guten Eindruck hinterlassen. Soweit ist es nun schon, daß ich sowas bedenke. Frau Macher freut sich aufs Wochenende. Ich bin ganz erstaunt, hab tatsächlich zwei Tage frei. Samstag und Sonntag richtig für mich. Frau Macher warnt mich, sie zu genießen. Nicht auf dem zweiten Stock auszuhelfen! Sr. Gibfriede hat schon gejammert, nach meinem Einsatz gepeilt. Ich bin trotzdem froh, im Notfall einspringen zu können. Kann mich dadurch erkenntlich zeigen. Aber erst mal will ich zu mir kommen. Verarbeiten und das Freihaben genießen.

8. November

Das Schützenfest geht schon eine Woche, wird morgen abend beendet sein. Hundert Meter vom Heim tummeln sie sich. Tanzen bis weit über Mitternacht. In nicht erlahmender Festtagsfreude plärren die Instrumente immer die gleichen Heimatlieder. Ich kenne genau die Reihenfolge. Wache durch Umstellung aus dem Halbschlaf. Mein Abendbummel trieb mich gestern erstmalig zum lärmenden Treiben. Schießbuden, Tombola und Festzelt zogen Ströme von Schaulustigen an. Mit Krachledernen und Dirndln war das Hauptzelt gefüllt. Ich kaufte Lose und erstand kleine Preise. Umfaßte sie vorfreudig in der Tasche. Andi liebt solche Kirmessachen. Plötzlich wurde ich untergehakt, mit Macht ins Festzelt reingezogen. Sah Maßkrüge und Augen blitzen, konnte mich den Griffen entziehen. Hintenrum schlich ich dem Heim entgegen, atmete im Zimmer erleichtert auf. Ich gönne den Schützen dieses Fest und mir meine sturmfreie Bude. Habe dann noch lange in Öl gemalt, die nächste Aufgabe meines Fernstudiums. Der Pinsel war so richtig in Schwung, der Geruch nicht mehr aus dem Raum zu kriegen. Eigentlich wollte ich lange schlafen, so richtig genüßlich den Morgen verpennen. Der Lastenaufzug und die Frühdienstler um mich machten das Vorhaben zunichte. Es ist nicht schade, der Tag ist so schön. Mit sonorer Stimme singt der Pater und die Alten fallen ein. Es dringt zu mir rauf, ich höre zu. Werde andächtig, habe Muße dafür. Ich sagte Sr. Gibfriede einmal, daß ich selten zur Kirche ginge, einfach keine Zeit dazu habe. Hier mußte ich arbeiten, wenn sie zum Gottesdienst ging, und bin sonntags bei Andi, wenn die Glocken läuten. Sie wunderte sich über meinen Seelenfrieden, den die Natur mir gibt und die Gott für uns schuf. Warum nimmt sie diese Schönheit nicht an, dieses ständige Wunder an Reichhaltigkeit. Dieses wechselvolle Leben ist meine Kirche, meine Andacht. Sr. Gibfriede und mir bleibt keine gemeinsame Stunde. Uns trennen nicht Welten, nur die Pflicht.

9. November

Mein Zimmer blitzt, ich habe es gewienert und gestern richtig schrubbend auf Hochglanz gebracht. Auch um frische Wäsche gebeten. Ich frühstücke genüßlich, betrachte mein Ölbild. Die Landschaft ist nicht mehr farbenfroh. Das schlechte Licht hat mich beträchtlich getäuscht. Ist ein dunkler Wald geworden. Es muß nun so bleiben, bin schon in Zeitdruck. Zu Andi gehe ich zu Fuß durch den Wald. Mache einen weiten Bogen zur Klinik. Komme abgehetzt dort an und schiebe Andi gleich hinaus. Es ist schon kalt, ich packe ihn ein. Die Decke schlinge ich um ihn rum, für den Po bleibt nur das Kissen. Das Gartenlokal ist völlig verwaist. Die Blätter wirbeln am Boden herum. Es ist Herbst, das wird uns heute bewußt. Der Sommer war sonnig, selten schön. Ist nun vorbei, strebt dem nächsten zu. Wie wird der kommende für uns werden? Andi sitzt wie ein Opa im Stuhl und schiebt die Blätter vor sich her. Sie bremsen die Fahrt, er mag es so. Es ist so schön, beieinander zu sein. Die Touristen sind fort, wir bleiben uns treu. Erzählen still, berichten einander. Ich bereite Andi auf Weihnachten vor, male es ganz besonders schön aus. Andi wendet sich zu mir um, bekommt wäßrige Augen, ist maßlos enttäuscht. Wir haben die Klinik wieder erreicht, Weihnachten hier ist jetzt Tatsache für uns. Gar nicht mehr so unvorstellbar. Auch diese Hürde werden wir nehmen, das Beste aus der Lage machen. Ich rufe Bernhard an, sage, Andi erwarte ihn Weihnachten hier. Wir sind erleichtert, das Thema ist erledigt.

11. November

Maria im zweiten Stock hat Geburtstag. Sr. Gibfriede legt ihr was hin. Maria lacht, schiebt es zur Seite, nimmt es bei Dienstende nicht mit. Ich treffe sie, gratuliere ihr, sie berichtet mir diesen Vorfall. Findet sich mächtig heldenhaft. Meint, nun gelernt zu haben, was Persönlichkeitsanspruch heißt. Ich schubse sie nach oben, bitte sie. Dringe in sie, das Geschenk zu nehmen. Sie bockt, ist ganz kühn, so was nimmt sie nicht. Was nicht von Herzen kommt, will sie nicht haben. Auf der Etage beknete ich sie, stehe nicht mehr zu ihr, wenn sie keine Höflichkeitsformen bewahrt. Das zieht noch, hält sie am langen Arm. Sr. Gibfriedes guter Wille ist schon gebrochen. Vernachlässigt lagert das Präsent in der Ecke. Im Dunkeln raffen wir es weg, schaffen es in den Altbau hinüber. Nur mir zuliebe, versichert Maria. Ich bin traurig, es verfehlt den Sinn. Der ganze Tag hat mich traurig gestimmt. Bin treppauf, treppab im Heim rumgelaufen, habe die Leute ausgefragt. Bei vergangenen Sterbefällen war die Beerdigungsart fraglich. Frau Macher hatte Schwierigkeiten mit den Ämtern. Ich mußte die Karteien kontrollieren, nach vollständigen Angaben untersuchen. Ich habe mir Listen angelegt. Namen von denen herausgeschrieben, deren Grabstellenangabe offen war. Frau Macher sprach bedächtig die Bitte aus, diese Fragen beantworten zu lassen. Sie sind sehr brisant, ich soll mein Glück versuchen. Tatkräftig machte ich mich an die Erledigung. Öffnete fröhlich diverse Türen und redete erst mal belangloses Zeug. Habe das Fragliche eingeflochten und verschiedene Reaktionen verdaut. Für beide Parteien war die Aufgabe nicht einfach, für meinen Gesprächspartner eine wichtige Sache. Wir trennten uns gleichermaßen befriedigt. Das Leben gestalten und das Ende bedenken: beides bedarf einer würdigen Planung.

13. November

Schon wieder ist Thomas' Mutter da. Nach ihrem Gespräch mit dem Chefarzt wurde Thomas verplant, seine Entlassung schnellstens arrangiert und der Nachfolger informiert. Er meldete sich gleich abfahrbereit, und Thomas' Mutter bestieg den Zug. Ist selber ganz durcheinander, hatte nicht so schnell mit der Entlassung gerechnet. Ihr paßt der Termin auch gar nicht, morgen muß sie wieder zurück sein. Andi beobachtet das Packen mit Sehnsucht. Ich hatte es sorgenvoll befürchtet. Wochenlanges Zusammensein läßt einen Wehmutsstachel zurück. Thomas' Mutter schleppt die Koffer, hat viele davon mitgebracht. Für die angesammelten Sachen reichen sie nicht. Tüten und Taschen werden gefüllt. Der Abschied ist schnell und gekonnt, einfach aus Erfahrung erlernt. Zurück bleibt ein leeres Mittelbett. Eilig wird es neu bezogen. Auch uns wird es einmal so ergehen. Darauf konzentriert sich mein Gefühl, auf das Bett ohne Andi darin, auf uns auf der Reise, ohne Interesse für die Neubelegung. Ich habe eine Karte fürs Theater. Im Kurhaus wird ein Gastspiel gegeben. Ich freue mich darauf, auf die Schauspieler. Sie sind berühmt, ich kann was berichten. Fühle mich ziemlich allein im vollen Saal. Die Oberärztin der Klinik begrüßt mich. Sie sitzt etwas vor mir, lächelt mir beobachtend nach hinten zu. Bin froh, von Damen flankiert zu sein. Sie soll mein Hierbleiben nicht falsch verstehen. Durch die Dunkelheit trotte ich zum Heim, denke an die Oberärztin, hätte sie doch fragen können. Der Schlüssel dreht sich im Türschloß des Altbaus, öffnet sie, doch die Kette hängt vor. Kein Mensch ist zu bewegen, sie zu lösen. Ich muß zum Neubau, die Nachtschwester rufen. Sie kommt herunter, vielsagend grinsend. Ich kann sie vom Theater schlecht überzeugen, muß ihr das Vergnügen lassen. Tappe durch dunkle Gänge ins Zimmer. Hat sich das Unternehmen gelohnt?

14. November

Mein Horizont hat sich im Büro enorm erweitert, neue Kontakte haben sich gebildet. Langsam werde ich auch brauchbar. Kann auf Getipptes herunterblicken. Es stapeln, abheften und verschicken. Frau Macher hat unendliche Geduld, ist eine nachsichtige Lehrerin. Die Oberin zupft mich oft leise am Arm. Flüstert „Mädli" und bittet um Hilfe bei der Handhabung der Geräte. Frau Macher freut sich mit mir auf Bernhard. Er kommt heute zu Grubers. Mein Koffer wartet gepackt im Zimmer. Außerdem zwei freie Tage als Einstieg. Das wird Bernhard erfreuen. Sein Leben gestaltet sich schwieriger. Der Kontakt zur Familie ist lahm geworden. Nach Omis Besuch und meinem Verhalten wurde keine Gemeinsamkeit gefunden. Bernhard ist Kämpfen ausgewichen, hat sie, da aussichtslos, auf Eis gepackt. Belangloses Zusammensein brachte Starrköpfigkeit, versickerte langsam, verebbte völlig, verlagerte sich auf informierende Telefonate. Ich bedauere ihn sehr; Trost wird er brauchen, Gemeinsamkeit finden müssen. So komisch es ist, es zeichnet sich ab. Hier ist sein erwünschtes Ziel, sein vermißtes Zuhause.

16. November

Bernhard ist gut angekommen. Bleibt wieder eine Woche, davon fast zwei freie Wochenenden. Das ist herrlich. Nur Andis Besuche bedürfen der Uhr. Wir gehen essen und spazieren. Der Zimmerbalkon bleibt unbenutzt. Es ist einfach schon zu kalt. Gestern haben wir in Mänteln versucht, darauf Kaffee zu trinken. Der dampfte seine Wärme in die Luft, und es sah bestimmt auch sehr zünftig aus, war es aber nicht. Wir wollen dem einen Raum entrinnen, der uns zur Verfügung steht. Nicht neben auslüftenden Betten Brötchen schmieren. Überhaupt, ständig beengt zu sein, keinen Auslauf zu haben, macht uns kribbelig. Schon Zeitungen sind platzraubende Gegenstände. Bernhard hat Urlaub, das soll es auch sein. Andi ist ansprechbarer, Bernhard kann mit ihm was anfangen. Kann spielen, basteln, Geschichten erzählen. Er ist ganz gerührt wegen der Resonanz. Muß sich auch Andis Freunde angucken, die er mittlerweile hat. Besonders hängt Andi an der kleinen Bärbel. Sie ist gar nicht niedlich, aber umwerfend charmant. Ist immer fröhlich, zu allen Schandtaten bereit. Alle scheinen sie zu lieben, und die Schwestern reißen sich um sie. Bärbelchen, drei Jahre alt, kommt aus Friesland und spricht noch wenig. Aber wenn sie was von sich gibt, rollt das „R". Alle haben ihren Spaß daran, und Schwester „Sigrrrid" wird ständig gerufen. Bärbel muß erst laufen lernen, um entlassen werden zu können. Die Größeren bemühen sich redlich. Setzen ihr ein Bein vor das andere. Andi beobachtet die Fortschritte interessiert. Sie mag ihn auch und ruft ihn oft. Läßt sich so gerne von Andi zudecken. Stolz folgt er jedesmal der Bitte. Das ist eine erfreuliche Wende. Wir rechnen damit, daß es nicht immer so bleibt. Doch das Hoch durchströmt uns wie ein Sonnentag. Die gebastelten Schiffe liegen vor Anker. Geklebte Flugzeuge und Autos lagern dazwischen. Spielen kann man nicht mit den Dingern. Anmalen würde sie erst zu was machen. Die Metallfarbe verlangt radikale Abdeckung. Wird nicht gerne in der Klinik gehandhabt. Andi versucht, sorgsam damit umzugehen. Die kleineren Kinder panschen mit. Vermiesen das Werk, schaffen Ärger und Verbot. Das ist nun mal so bei vielen Kindern. Ein Arbeitsraum könnte für Besserung sorgen. Wenn Andi sich beschäftigt, sind wir schon froh. Seine geistige Formung ist auf Eigeninitiative angewiesen.

18. November

In der Woche haben Bernhard und ich nicht viel voneinander. Ich überlasse ihm wieder Andis Besuche, danach treffen wir uns im Ort. Beim Essen berichtet er mir seine Eindrücke und Erlebnisse. Er erstaunt mich durch zwischenzeitliche Gewalttouren. Ich bin mir nicht ganz sicher, warum er das tut. Will er abnehmen, sich trainieren, oder sucht er nur den Frieden der Höhe? Ich fürchte eventuelle Unfälle. Die Berge sind rutschig, kein Mensch mehr in der Nähe. Nachmittags gibt's im Büro Kaffee. Meist auch noch Kuchen, aber immer Brot dazu. Bernhard stellt sich auch oft ein. Ich brauche nur hinüberzuwinken, der Duft zieht ihn magisch an. Diese Pause lassen wir uns nicht nehmen. Frau Macher erzählt, und wir genießen dieses Näherkommen. Sie interessiert sich für meine Stationserfahrung. Kann sich ein besseres Bild von den Etagen machen. Die menschliche Seite des Personals kennt sie nur durch Getuschel. Frau Krumm ist auf den zweiten Stock gekommen, von Verwandten einquartiert. Sie läßt alles mit sich geschehen. Teilt die Zufriedenheit ihrer Angehörigen, weiß, daß sie froh sind, sie loszusein. Hier erhofft sie sich Ruhe vor ihnen. Frau Krumm kann nichts sehen, man merkt es sofort. Sie gibt es nicht zu, will selbständig bleiben. Auch ihre Blase macht nicht mehr mit. Überall sind riechende Pfützen. Sr. Gibfriede fühlt sich wieder getroffen, erzählt allen von der Mehrarbeit. Ich muß zu Frau Krumm, Personalien erfragen. Ihre Versorgung gestaltet sich etwas schwierig. Sie ist eine Frau ohne Argwohn und List. Die Blindheit hat dies nicht verändert. Sie hat sich sorglos dem Schicksal ergeben. Sagt, sie erkenne mich ganz genau. Soll mich beschreiben, legt munter los. Ich erkenne mich nicht, mag gar nichts sagen. Auch die Teller ertastet sie, wirft viel um. Sie muß schlechte Erfahrungen gesammelt haben, daß sie sich so hartnäckig verstellt. Wir wollen ihr helfen, auch Pflege- und Blindengeld besorgen. Es steht ihr zu, ist nur ein Tropfen auf die vielen Steine ihres Lebensweges. Erschüttert komme ich ins Büro. Frau Macher lehnt sich im Stuhl zurück, sie macht sich Sorgen um meine Psyche. Versucht, die Belastbarkeit zu erahnen. Ich kann sie beruhigen. Die Probleme müssen sein. Sie lassen mein eigenes nicht zu groß werden. Andi soll schließlich auch alt werden. Ich will mich bewußt mit allem befassen. Die Scheuklappen erst gar nicht in Anspruch nehmen.

21. November

Andi hat das Eis nicht bekommen, Schwester Sigrid vergaß das neulich mitgebrachte. Wurde vergammelt weggeworfen. Ich darf es dem Koch gar nicht verraten, er hatte es so gut gemeint. Man liebt solche Extras eben nicht. Sie bringen nur Aufregung und Süchte. Auch Andi darf man kaum etwas antun. Mit den Folgen sitzen die Schwestern dann dá. Bernhard hat sich schweren Herzens darauf eingestellt. Spielt mit und hält sich an die Regeln. Andi mag auch keine Sonderstellung, hat Angst vor Zurechtweisung. Das schafft keine familiäre Atmosphäre. Nach Monaten leiden wir noch darunter. Bernhard schüttelt beim Essen den Kopf. Das ist alles so gar nichts für ihn. Er würde Andi gerne mal baden, ihn versorgen, was tun, einfach Vater sein. Er darf nur Gast sein, erwarteter Besuch. Sich dem weggegebenen Sohn unter strenger Aufsicht zeigen. Hoffentlich gelingt es uns, den Jungen wiederzugewinnen, zurückzuerobern, wieder eins mit uns werden zu lassen. Bernhard ist hoffnungsvoll, nur ungeduldig. Will nicht mehr allzulange warten, kann es kaum noch aushalten. Die gemeinsame halbe Stunde beim Essen tut uns beiden gut. Unsere Pfeiler, an denen sich Andi aufrichtet, müssen sich gegenseitig stützen. Es gelingt uns noch, das ist ein Plus. Bernhard bringt mich zum Büro. Er will sich hinlegen, bis zum Büroschluß richtig schön ruhen. Ich muß gleich wieder in den Ort. Frau Macher schickt mich zum Rathaus, ich soll einiges erledigen. Gleichzeitig frage ich bei der Polizei. Das Fahrrad steht immer noch aus, ich muß selbst lachen. Einsichtig führt mich ein Beamter in den Keller. Ich soll mich selbst überzeugen. Unmengen von Rädern füllen den Raum. Kein Bestohlener scheint so hartnäckig wie ich zu sein. Ich stutze, gehe in die Knie, betrachte genauestens meinen Fund und angele das Rad aus dem Ständer. Identifiziere es einwandfrei als das gesuchte. Der Polizist hebt es heraus, vergleicht es mit den Angaben des Protokolls. Es entspricht dem haargenau. Nach Unterschreiben kann ich es einfach haben, es mitnehmen und sogar damit fahren. Es ist sogar liebevoll blankgeputzt, in tadellosem Zustand. Wurde auf einer Alm in Richtung Jugendherberge gefunden. Vor Grubers Haus klingele ich Sturm, kann mich am Augenblick ergötzen. Bernhard blinzelt verschlafen vom Balkon. Glaubt seinen Augen nicht zu trauen. Das Geld hat er Ulla schon ausgezahlt. Aber der Fund ist uns erheblich lieber. Wir packen das Rad gleich in Decken ein und verstauen es im Kofferraum. Wenn das kein gutes Omen ist!

24. November

Bernhard ist schon wieder zu Hause, und ich bin in meinem kleinen Zimmer. Er fuhr nur ungern, Grubers waren so nett. Hier ist seine Heimat, an der er aber nicht hängt, an die man nur dankbar denken wird. Nachts hatte ich noch angerufen, Bernhard endlich erreichen können. Verfroren zitterte er durchs Telefon. Die Heizung im Auto war ausgefallen. Er mußte die Fahrt eiskalt verbringen, schnupfte jetzt schon unterkühlt. Das ist ziemlich schlimm und wäre auf der Heimfahrt mit Andi katastrophal. Wir hatten noch mit dem Chefarzt gesprochen. Andis Zustand befriedigt ihn nicht. Er würde schon lieber Besserung melden. Wir hatten um seine Entlassung gebeten, wenn's geht, direkt nach Weihnachten. Er sah uns seufzend an, kann es nicht verantworten. Wir sind uns sicher, es muß nun bald sein. Zumindest vorübergehend muß Andi einen Termin bekommen. Dieser monatelange Abschluß von Freunden und Häuslichkeit kann auch anderweitig Schaden anrichten. Körper und Seele sind aufeinander eingespielt. Man darf keins von beiden vernachlässigen. Auch die karge Besuchszeit kann dem Verlust nicht entgegenwirken. Der Chefarzt informierte uns weiter. Die Beule an der Schulter, von mir entdeckt, brachte keinen Aufschluß. Die anderen Verhärtungen bleiben begrenzt. Gewicht und Blutwerte sind weiterhin unbefriedigend. Die Knochenerweichung schreitet fort. Alles zusammen ein medizinisch prognostizierter Verlauf. Für uns eine traurige Eröffnung. Wir halten uns an Bärbels Einfluß. An ihren Charme und an die anderen Leidensgenossen. Als Bernhard abfuhr, wußten wir: Wenn er Weihnachten kommt, wissen wir den Entlassungstermin. Nikkend und schluckend nahm es Andi zur Kenntnis. Er verläßt sich darauf. Und ich mich auch.

25. November

Frau Waser ist heute eingezogen, zu Sr. Margarete auf den dritten Stock. Die führt dort ein straffes Regiment. Der Tagesraum ist auch tabu, die Bewohner werden angenehm still gehalten. Ich durfte Frau Waser die Einrichtungen zeigen, vor ihrem Einzug Reklame machen. Sie humpelte begeistert die Gänge entlang, konnte das Schöne kaum begreifen. Die Wärme drang ihr durch den verschossenen Mantel, sie war ein Stück Glückseligkeit. Nun sitzt sie in ihrem Zimmer und weint. Ich muß Personalien aufnehmen und trösten. Sie hat ihr ganzes Leben gearbeitet, ist dadurch aber nicht zu Reichtum gekommen. Hat sich ein gläubiges Herz erhalten und den Lohn in diesem Heim erhofft. So wenig hatte sie mitzubringen. Die paar Sachen redete man ihr noch aus. Man könne doch den Raum nicht verunstalten, müsse noch Platz zum Putzen haben. Besonders hing sie an ihren Blumen, hatte sie immer sorgsam gepflegt. Sie wurden gleich mit zurückgegeben, man hätte keine Zeit, sie zu versorgen. Ein Bekannter brachte Äpfel zum Einzug. Eine Schale, duftend beladen. Er durfte sie gar nicht erst hinstellen. Frau Waser bekommt hier genug zu essen, braucht kein extra Obst. Der Bekannte zog ab, und Frau Waser war's peinlich. Nun hockt sie zwischen zensierten Habseligkeiten, mit einem Gedeck ihres vertrauten Geschirrs. Das übrige wurde für unnötig befunden. Sie wird nun mal hier vom Heim versorgt, mit allem, was sie braucht. Frau Waser braucht so wenig. Vor allem aber Nestwärme, ein bißchen Vergangenheit um sich und gewohnte Begleitung bis zur Endstation. Ich berichte Frau Macher vom Häufchen Unglück. Bin in Alarmbereitschaft, persönlich engagiert. Denke an Frau Schützenbergers vollgestopftes Zimmer, in dem man sie zeitraubend suchen muß. Denke an Andi, an die gleiche Rationalisierung dort. Wie alt muß man werden, um eigene Ansprüche verwirklichen zu können?

27. November

Andis Bettnachbar Jochen ist auf Isolierstation, er hat Mumps bekommen. Ist der vierte Fall auf der Station, und Andi hatte es noch nicht. Ich erstarre leicht, sehe Folgen nahen. Wenn Jochen es hat, kriegt Andi es auch. Mit seiner labilen Abwehr und Jochens springlebendigem Temperament wäre Verschonung ein seltener Zufall. Die Panik kriecht wieder den Körper herauf. Ich könnte Andi sofort entführen. Aber die Inkubationszeit hat sicher schon begonnen, und die Ansteckungsgefahr ist draußen nicht geringer. Bernd ist in Thomas' Bett gekommen, und für Jochen hat Andi Jörg erbeten. Beide hatten schon Mumps und reden Andi nun die Krankheit ein, ermessen nicht, was das bedeutet. Andi weiß es zum Glück auch nicht. Hat nur Angst vor Isolation und Verzögerung seiner Entlassung. Die Stationstür wird verschlossen. Ein Schild deutet auf die dahinterliegende Gefahr. Ich bin nun ausgeschlossen, auch das Haus ist leer. Besucher dürfen nur spärlich rein. Im Altenheimbüro sinke ich auf meinen Platz. Frau Macher bestellt einfühlsam Kaffee. Der Koch hat Delikates bereitet. Leib und Seele finden zueinander.

28. November

Im Büro ist ordentlich zu tun. Ich fahre in den Ort, muß viel erledigen. Stehe um halb zwölf vor der Klinik. Das Reinkommen wird immer schwieriger. Der Mumps weitet sich aus. Die Kinder warten auf meinen Besuch. Zur Schule dürfen sie nicht gehen und den Turnsaal auch nicht mehr betreten. Eine Gymnastin kommt täglich herauf. Bewegt die Glieder auf dem Bett, erwartet, daß die vorgeschriebenen Übungen allein absolviert werden. Die Kinder werden rappelig. Beäugen sich gegenseitig, wer ist der nächste? Finden keine Ruhe zum Spiel, haben auch wenig Möglichkeiten. Ich verlasse eine Horde voller Unsicherheit. Bin angefüllt mit aufgetragenen Wünschen und Grüßen an die Außenwelt. Stehe vor der Klinik und atme Freiheit. Möchte davon übermitteln, Infekte verdrängen. Die Tür hinter mir ist schon zugefallen. Hat mich gefühllos einrastend getrennt. Nach dem Dienst sitze ich im Zimmer. Habe Aktzeichnungen und Öl-bild zurückbekommen. Mit langem, verständnisvollem Brief. Mein Lehrer vermutet lädierte Verfassung. Angeblich vermitteln es ihm die Farben. Solange er meine Arbeiten überhaupt anerkennt, ist mir seine Sorge ganz angenehm. Ich mache mich an die nächste Aufgabe. Habe den Drang, Mumps abzuarbeiten. Maria klopft zaghaft an die Tür. Traut sich nicht rein, will draußen bleiben. Ich zerre sie auf einen Stuhl und höre ihre umständliche Bitte um Hilfe an. Es hat wieder mal Krach gegeben, mit Sr. Gib-friede wegen Lappalien. Sie kann hier nicht bleiben, hält es nicht aus. Immer trampelt man auf ihr rum. Ich versichere ihr, im Büro wisse man nichts. Sr. Gibfriede hat noch nicht gepetzt. Sie ist erstaunt, glaubte sich schon gekündigt. Sr. Gibfriede hat ihr so etwas entgegengeschleudert. Ist dann festen Schrittes weggetrabt. Ich beruhige Maria, Sr. Gibfriede kann ihr nicht kündigen. Natürlich muß sich Maria aber auch vernünftig verhalten! Sie wird gebraucht und hat nichts zu befürchten. Nur wenn sie frech wird, kann man sie nicht schützen. Das versteht sie und geht rückwärts aus der Tür. „Jo, mei", wie ist sie erleichtert! Ich muß morgen mit Frau Macher sprechen. Sie muß auf Kontroversen gefaßt sein. Plötzlich stürmt Sr. Gibfriede in mein Zimmer. Ich denke, nun geht's über Maria her. Muß demnächst doch die Tür abschließen, bin gar nicht gewöhnt, daß sie mich überfällt. So geht es den alten Leuten täglich. Sr. Gibfriede plumpst auf den Stuhl, von Maria noch leicht angewärmt. Ich kann ihr nicht in die Parade fallen, die Schreckensnachricht verschlägt mir die Sprache. Resis Mann ist überfahren worden. An der Ampel, war sofort tot. Sie jammert, daß ihrer Station so was passieren mußte, und bringt auch Maria ins Trauerspiel. Dann erhebt sie sich seufzend, ich bin wie benommen, bleibe einfach sitzen. Die Kerze brennt nieder, ich ersetze sie. Das bleibt meine einzige Aktion in dieser Nacht.

29. November

Die durchwachten Stunden haben mir nicht geschadet. Haben mich auch nicht weitergebracht. Ich kann die Gedanken an Resi einfach nicht verdrängen. Gerade sie hat diesen Schlag nicht verdient. Es ist auch noch Wochenende, soviel Zeit. Andi darf nicht raus, wir spielen im Zimmer. Ich habe ihm einen Apparat gekauft, mit dem man sich Filme ansehen kann. Sie sind ganz lustig, und das Gerät ist leicht zu bedienen. Habe es als Abschreckung gekauft, um die Viren fernzuhalten und Andis Abwehr zu stärken. Vor und zurück kann man die Filme kurbeln, langsam oder schnell die Figuren laufen lassen. Alle erheitern sich, dürfen abwechselnd drehen. Alles fällt mir heute schwer, zieht sich hin.

Vor der Klinik erwarten mich Palms. Die Tochter Margrit liegt auch auf Andis Station. Sie können leider nur ab und zu kommen, und wenn, dann auch nur zum Wochenende. Die Mumpssperre hat sie nun umgehauen. Dazu sind sie nicht hergefahren, haben sich die Stunden anders gedacht. Sie sind auch mit der Behandlung, dem Erfolg, der Atmosphäre nicht ganz zufrieden. Unser gemeinsames Problem ist das Entlassenwerden. Wie unsere Kinder wieder herausbekommen? Man hat ja kaum noch Zugang zu ihnen. Palms sind richtig niedergeschlagen. Verschlingen meine ihnen geschilderten Erfahrungen. Ich werde mich um Margrit kümmern. Sie ist schon älter, nicht mehr so beeinflußbar. Lebt intensiver mit der Krankheit, hat reichlich Krankenhauserfahrung. Ich rufe Bernhard wie versprochen an. Andi hat noch nicht Mumps. Wird es nun wohl auch nicht mehr bekommen. Bernhards Erleichterung überträgt sich auf mich. Wie einfach doch solche Spielregeln sind!

2. Dezember

Frau Rosen ist über Nacht gestorben. Sie war zweiundneunzig Jahre alt, und man war auf ihr Ableben vorbereitet. Angehörige sind nicht vorhanden, Bekannte überlassen uns die Regelung. Frau Macher weist mich genauestens ein. Schickt mich mit Formularen auf den Weg. Im Rathaus muß ich erst mal warten. Sterbefälle sind häufig in dieser Zeit. Der Standesbeamte hat noch mehr zu tun. Er schwankt zwischen Glückwünschen und Beileid. Von allen Seiten werde ich mit letzterem überschüttet. Ich kannte Frau Rosen nicht persönlich, fühle mich ihr nun sehr verbunden, will für sie alles liebevoll regeln. Ich werde mit verhaltener Stimme ausgefragt. Sogar der Stadtdirektor empfängt mich im gepolsterten Raum. Die Beerdigung ist gar nicht so einfach, alles muß seine Ordnung haben. Dann gehe ich zum Friedhofsbeamten. Über ein Reihengrab ist leicht zu verfügen. Nur in welcher Tiefe, muß er wissen. Ich kann es nicht sagen, ist mir nicht bekannt. Er klärt mich über die Besonderheit auf. Wenn sich später noch ein Verwandter meldet und unbedingt auch dort begraben werden möchte, könnte man ihn darüber bestatten, müßte jetzt für Frau Rosen tiefer graben. Diesen Fall hat er neulich gehabt, und viel Ärger und Arbeit waren damit verbunden. Er muß es unbedingt genau wissen. Ich sitze ganz beeindruckt da, versuche, mich in Frau Rosen und ihre Familie zu versetzen. Wie schwierig das doch alles ist. Der Beamte ist entschlossen, entscheidet für mich. Wir einigen uns auch über den Termin, und ich bekomme einen Haufen Papier. Dann laufe ich weiter zum Gericht. Zum Erbschaftsamt in der zweiten Etage. Übergebe eine Liste der persönlichen Habe. Der Herr überfliegt sie, macht Kopien davon. Drückt den wichtigen Stempel drauf. Nun muß ich nur noch zur Druckerei, um eine Anzeige aufzugeben. Gerade vor Andis Besuchszeit ist alles erledigt. Ich bin sehr froh, es geschafft zu haben. Andi ist noch in seinem Zimmer, das erleichtert mich doch sehr. Ein anderes Kind hat es nun erwischt, die Mumpsgefahr ist noch nicht gebannt. Andi bittet mich, ihn zu befühlen, nach Schwellungen abzutasten. Er meint, da sei was, doch er hat keine Schmerzen. Ich versuche, ganz objektiv zu sein. Sehe seine fragenden Augen, lächle tapfer, da ist wohl nichts. Von uns aus darf da auch nichts sein. Andi hat schon soviel, das wird wohl reichen. War immer ein kerngesunder Junge, hat nur Windpocken gehabt. Im Kindergarten nichts anderes gefangen. Damals wäre es leichter gewesen. Man hat keinen Einfluß auf diese Biester.

4. Dezember

Andi hat sich schon fast an die Mumpssperre gewöhnt. Die Lehrerin kommt einmal die Woche auf die Station und unterrichtet an zusammengerückten Tischen. Ist keine Schule, nur Beschäftigungstherapie. Die Kinder freuen sich darauf, sonst passiert bei ihnen nämlich nichts. Fernsehen ist die einzige Ablenkung, und die Altersgruppen verschmelzen beim Sehen. Jörgs Mutter ist heute zu Besuch. Seit Monaten das erste Mal. Sie steht am Bett, auf dem Jörg liegt. Er hat die Hände unter dem Kopf verschränkt. Sieht an die Decke, die Mutter aus dem Fenster. Also wieder diese Unnahbarkeit. Der Arzt hatte recht mit dem Vergessen der Kinder. Die Tragik wird mir heute erschreckend bewußt. Jörg und seine Mutter sprechen nicht, wir lassen es auch. Wollen die scheinbare Eintracht nicht unbedingt stören. Aber komisch ist dieser Zustand doch, so unvorstellbar für Uneingeweihte. Die Mutter geht plötzlich, brummelt Jörg was zu. Er bleibt liegen, sieht ihr nicht mal nach. Dann springt er auf, räumt ihre Geschenke zur Seite. Tolle Sachen sind darunter, lassen jedes Jungenherz sprunghaft höherschlagen. Ich bewundere sie, darf sie einzeln berühren. Jörg freut sich einfach nicht darüber. Er ist immer still, doch nie so verschlossen wie jetzt. Der Aufenthalt hier scheint ihm mehr zuzusetzen, als man gerade bei ihm vermutete.

6. Dezember

Es ist Sonnabend, und ich habe frei. Aber Herrn Müller hat es diese Nacht erwischt. Morgens wurde er tot aufgefunden. Frau Macher muß gerufen werden, und auch ich bin einsatzbereit. Bei dem Herrn ist alles bestens geregelt, bedarf keiner besonderen Mühe, ist ein ganz normaler Routinefall. Sogar einen Kranz hat er für sich selbst angeordnet, das Geld rechtzeitig hinterlegt. Ich werde zur Gärtnerei dirigiert. Bestelle auf seine Bitte den Kranz mit Blumen. Ganz besondere Blumen und auch eine Schleife. Für Herrn Müller und die Rechnung auch an ihn. Die Gärtnerin sieht mich verständnislos an. Ihr ist es ja egal, wenn mit mir nur alles stimmt. Ich bezahle sofort, das ist entscheidend.

Um drei Uhr kommt ein berühmter Damenclub zur Weihnachtsfeier. Sie bringen einen Haufen Balletthasen mit. In Herrn Paters Eßzimmer ziehen sie sich um. Engelflügel, Spitzenschuhe und Plüschröcke türmen sich bergehoch auf. Dreißig Kinder wühlen darin. Ich helfe Kaffee aus der Küche tragen, die Alten von den Etagen holen. Manche warten schon seit zwei Uhr auf diese Show, andere lassen sich zehnmal bitten. Sr. Rosalinde untersteht das Geschirr und der gesamte Festsaal. Ein moderner, farblich abgestimmter, großer Raum mit Bühne und Harmonium. Es herrscht richtig festliche Atmosphäre. Der Weihnachtsbaum unterstützt den Eindruck. Der Hausmeister hat ihn selbst angeschafft und mit Liebe und Sorgfalt mit elektrischen Kerzen versehen. Nun steht der gute Mann im dichten Gedränge und zwirbelt stolz an seinem Bart. Die Bewohner stürzen sich auf die Teller mit Kuchen, den die Damen selbst gebacken haben. Gucken neidisch und mißtrauisch die Tische entlang. Entdecken unterschiedlich große Stücke, und schon geht das Gemurre los. Stühle werden lautstark gerückt, andere Plätze eingenommen. Die Balletthasen hüpfen, es wird viel geknipst. Teller klappern, volle Münder rufen nach Kaffee, Weihnachten ist eingeleitet. Die Oberin sitzt am Ehrentisch, verschlingt Unmengen von

Kuchen, haut richtig rein. Und ein Schnaps muß folgen, dann erst ist es gemütlich. Der Pfarrer übersieht die Lage. Übernimmt Schwester Oberins Festtagsrede. Macht es würdig, umrahmt das Unternehmen, bedankt sich bei den vornehmen Damen. Die Bewohner haben sich satt gegessen, rücken schurrend ihre Stühle. Das Zusammensein wird aufgelöst. Frau Macher hat Blumensträuße besorgt, drückt jeder Dame einen in die Hand. Sie sind gerührt, ist eine nette Geste. Ich begleite die Damen zu den Autos. Die Oberin ist unauffindbar.

8. Dezember

Mir ist ein bißchen schummerig, habe auch ein ziemliches Kratzen im Hals. Fühle mich überhaupt nicht wohl. Dr. Teuer gibt mir Lutschtabletten und auch etwas gegen Grippe und Fieber. Er weiß, daß ich nicht krank werden darf. Es ist mir aber auch einfach zu kalt. Bin sonst nicht so frostig und zimperlich. Aber die Temperaturen hier sind mir einfach nicht vertraut. Nachts klettert das Thermometer auf zwanzig Grad minus. Trotzdem muß ich das Fenster immer kippen, kann sonst nicht im Raum zugleich leben und schlafen. Nun weiß ich auch, was die Kälte verursacht. Die Nonnen gehen kurz nach sieben Uhr abends ins Bett und schalten die Heizung im Keller aus. Nachts schleicht dann die Kälte ins Zimmer hinein, überzieht alles mit einem eisigen Film. Das Bett knistert richtig, die Kleidung ist starr. Ich bin nicht der einzige Leidtragende, andere müssen auch damit leben. Nur im Neubau dampfen die Heizkörper. Frau Musche schläft sogar neben dem Heizungsrohr. Muß das Bett so rollen, daß der Rücken nicht anschmort. Resi ist heute wiedergekommen. Sie hat eine Trauerwoche gebraucht. Der Unfall des Mannes brachte große Schwierigkeiten, war nicht einfach zu erledigen. Auch die ganze Verwandtschaft war angereist. Nun muß sie den Prozeß des Fahrers auch noch verkraften. Wir hatten Geld für sie gesammelt, es ihr im Umschlag übergeben. Sie wird es sicher gebrauchen können. Ihr Häuschen war in diesen Tagen gerade abbezahlt. Sie wollte das Ereignis prunkvoll feiern. Nun ist sie so schmal und blaß geworden und doch unsere tapfere Resi geblieben.

10. Dezember

Ich muß zu Frau Lauer im Parterre. Sie muß das Blindengeldformular ausfüllen. Ich werde eindringlich vorbereitet, soll vor ihr auf der Hut sein. Sie ist ziemlich grob, schmeißt viele hinaus, man kommt einfach nicht mit ihr zurecht. Ein flottes Leben hat sie geführt. Ihre Sehschwäche soll nun schuld daran sein. Frau Lauer begrüßt mich ganz schön ruppig. Befühlt mich erst mal, horcht mich aus, will mich zuerst genau kennenlernen. Dann muß ich ihr die Perücke holen, aufsetzen und ihr Aussehen schildern. Darf später in ihren Schubladen kramen, Täschchen suchen und Inhalt beschreiben. Am Ende sind wir uns sympathisch. Sie weint sogar und schüttet ihr Herz bei mir aus. Herr Müller hat neben ihr gewohnt, sie jeden Abend nochmals besucht und ihr das Nachthemd besorgt zugeknöpft. Sie kann ja nicht mehr so genau sehen. Er fehlt ihr sehr, keiner glaubt es ihr. Den roten Rosenstrauß auf seinem Grab hatte sie bestellt. Sie ist aber auch wütend auf ihn, daß er sich aus dem Staube gemacht hat. Sie befürchtet, nun könne eine „olle" Frau ins Zimmer nebenan einziehen. Das würde ihr den letzten Rest geben. Doch das Blindengeld ermuntert sie. Sie verplant es schon wollüstig in Gedanken. Will sich schicke Kleidung kaufen, malt sich den Einkauf richtig aus. Ich will mich inzwischen leise verdrücken. Gleich erwischt sie mich, wird richtig böse. Ich darf sie nicht enttäuschen, sonst kann ich mit ihr was erleben! Endlich gibt sie mich doch frei. Ich laufe zum Büro und knicke dort zusammen. Habe das unbedingte Gefühl, krank zu sein. Kaum kann ich noch schlucken, und meine Augen blinzeln fiebrig. Frau Macher schickt mich gleich ins Bett. Lieber mal fehlen und dann wieder fit, so hat das alles keinen Zweck. Im Zimmer kommt das heulende Elend. Das hat mir gerade noch gefehlt. Was mache ich morgen mit Andi, er wartet doch. Hat zwar mein Leiden schon mitgekriegt. Aber Anstecken darf ich ihn auf keinen Fall. Ich dämmere schluchzend in der Nacht vor mich hin und schlucke massenhaft Tabletten.

11. Dezember

Ich habe nicht nur eine dicke Angina, mir ist auch richtig erbärmlich schlecht. Die Medikamente halten mich freiwillig im Bett. Vormittags wird die Tür geöffnet, Schwestern schleichen leise herein. Es ist wie im Traum, so märchenhaft. Sie bringen nacheinander Heizlüfter, warme Hausschuhe und Essen. Ich wage mich kaum zu rühren vor Andacht. Beobachte schweigend die Aktion. Wie Zwerge tippeln die Helfer davon. Das hat meinen Lebensnerv getroffen. Ich besinne mich, rappele mich auf, ziehe mir schnell was über. Gehe ins Büro, um Andi anzurufen, ihn vorzubereiten, daß ich heute nicht komme. Es ist für uns das erste Mal, der erste Tag, an dem ihn keiner besucht. Schwester Ute meldet sich in der Klinik auf Station. Ich höre sie nach Andi rufen und polternde Schritte den Gang entlangkommen. Dazwischen tönt Schwester Ute erstaunt: „Mensch, du kannst ja richtig laufen." Ich höre es, und dicke Tränen klatschen vor Freude aufs Telefon. Andi wimmert nur kurz Verständnis und daß er morgen wieder fest mit mir rechnet. Er ruft es mir verzweifelt entgegen und legt dann einfach den Hörer auf. Er wird es verkraften und auch müssen. Für Schwester Utes Ausruf hat sich für mich der Verzicht gelohnt. Das ist der Vorteil bei diesem Malheur: Meine Post kann ich auch gleich mitnehmen. Sie wird zwar spärlicher, aber gehaltvoller. Mit der Post in Händen schlafe ich ein. Es ist ein langer, tiefer Schlaf, der mich der Gesundung näher bringt. Ich träume viel verwirrendes Zeug. Sehe Bernhard wüste Parties feiern, mich im Altenheim ein Zimmer beziehen. Und lebe wahrheitsgemäß Andis Sportlichkeit nach: wie er vier Monate vor Ausbruch der Krankheit die dritte Judoprüfung bestand. Ich hatte die japanischen Bezeichnungen abgehört, die Würfe immer mitlernen müssen. Es hatte mich ganz schön strapaziert. Habe seine Prüfung verfolgt, erstaunt die Kämpfe beobachtet. Der Knirps warf die Größeren über die Schulter, rollte sich fachmännisch auf der Matte. Im großen Kochtopf färbte ich Gürtel. Erst gelb, dann orange, für andere mit. Mein Traum endet mit Andi im Rollstuhl, den orangefarbenen Gürtel umgebunden. Er ballt die Fäuste dem Gegner entgegen, ist völlig auf Abwehr eingestellt. Ich schiebe den Stuhl und feuere ihn an.

Wir haben beide das gleiche Ziel und lassen uns von nichts beirren. Der traumreiche Schlaf war richtig erholsam.

13. Dezember

Durch hochaufgetürmten Schnee suche ich einen neuen Weg zur Klinik. Die Mumpssperre ist immer noch nicht aufgehoben. Aber ein neuer Fall ist nicht aufgetreten. Langsam glaube ich wirklich an Wunder. Wie bin ich froh, wie macht es mich dankbar. Ich darf heute sogar mit Andi raus. Die klare Winterluft tut gut, unterstützt die natürliche Abhärtung. Viele Kinder sind sehr verschnupft. Reihenweise putze ich Nasen, nur bei Andi brauche ich es nicht. Ich weiß nicht, woher er die Widerstandskraft hat. Er sagt, stärkende Mittel bekäme er nicht, auch keine Vitamintabletten. Er verbietet mir sogar den Kauf, verweigert von vornherein die Einnahme. Ich will hier auch nicht ins Handwerk pfuschen, muß nur mehr für meine Nerven tun. So gelassen, wie die hier sind, bin ich noch nicht. Aber ich will auch gar nichts provozieren. Schnappe mir den Jungen erleichtert. Man muß die Glücksmomente nutzen. Auf eigene Verantwortung darf ich ihn durch den Hinterausgang schieben. Muß nachher klingeln, damit der Fahrstuhl uns allein befördert. Wir dürfen keinem Menschen begegnen. Dabei ist Weihnachtsmarkt im Ort. Soll besonders schön und verlockend sein. Ich hatte mich auf ihn gefreut, wollte Andi damit überraschen. Nun dürfen wir ihn nicht besuchen, nicht einmal in seine Nähe. Schlendern wieder den Bach entlang und reden uns den Weihnachtsmarkt richtig aus. Ist ja doch immer wieder dasselbe. Können wir zu Hause viel besser haben. Ach ja, was da jetzt wohl so alles los ist?

15. Dezember

Heute ist Andi mit dem Adventsgeschenk dran. Ich hatte die Überraschungen der Station geschenkt. Mit rotem Garn an einem Abend vierundzwanzig Säckchen hergestellt. Aus grünem und grauem Filz genäht. Meine Finger waren nachts ganz zerpiekt. An einer Kordel habe ich die gefüllten Säckchen aufgehängt und mit Bonbons und Weihnachtsschmuck das Band verziert. Dreifach hing die Schlange quer durch mein Zimmer und stimmte mich vorfreudig weihnachtlich. In der Klinik hatte man schon was für den Tagesraum, so wurde das Werk in ein Mädchenzimmer gehängt. Mit Andi und seinen Bettgenossen bastelte ich noch Weihnachtsdekorationen, die auf dem Fenstersims Stimmung entlocken. Den Schwestern schenkte ich eine Tasche voll Materialien, um mit den Kindern Kleinigkeiten zu basteln. Hatte selbst Exemplare vorgefertigt, sie konnten sich verschieden entscheiden. Schwester Sigrid nahm es gerne an, ist für Anregungen immer bereit, will es mit den Kindern verarbeiten und dann Besuchern zum Kauf anbieten. Vielleicht reicht der Erlös für einen Plattenspieler, den die Station so gerne hätte.

Eine Mutter mit Hund ist ganz verzweifelt. Sie findet kein Zimmer für Weihnachten. Alles ist vermietet, meist schon seit Jahren. Und die Fahrt ist zu weit, um jeden Abend zurückzufahren. So geht es vielen Eltern hier. Sie haben keine Möglichkeit, das Fest in der Nähe ihres Kindes zu verbringen. Auch ich habe mich schon um Unterkunft bemüht. Grubers tut es selber leid, auch sie sind seit Jahren fest verplant. In der Umgebung fand ich auch nichts. Sogar das Verkehrsamt gibt schon keine Listen mehr heraus. Jedes Jahr wird unter der Hand vermietet und nur vereinzelt unvorhergesehen etwas frei. Darauf können wir uns nicht verlassen. Zum Glück habe ich ja mein Zimmer hier, was mache ich bloß mit Bernhards Unterkunft? Ich finde einfach nichts für ihn. Frau Macher unterstützt meine Idee, Bernhard hier einzuquartieren. Ein Zimmer auf meinem Flur ist noch frei, ich werde mutig die Oberin bitten. Sie hört meine Klage, möchte Andi ein vaterloses Weihnachtsfest ersparen. Zwar hat noch nie ein Mann dort oben genächtigt, aber für mich will sie eine Ausnahme machen. Ich weiß, es wird einige Aufregung geben, aber das ist mir im Augenblick egal. Ich darf wieder einmal Glück erfahren.

17. Dezember

Heute ist die Weihnachtsfeier des Personals. Der Koch hat herrliche Speisen bereitet, und wir haben mit Sr. Rosalinde die Tische gedeckt. Die Dekoration hat das Personal selbst gebastelt. Erst wollte sich keiner so recht dazu finden. Die Alten hatten schon gar keine Lust. Dann saß plötzlich die ganze Küche voll, im Altbau auf unserer Wohnetage. Einhundertsechzig Männlein wurden hergestellt. Wir haben geschnitten, geklebt und gemalt und uns dabei köstlich amüsiert. Sind uns zum erstenmal nähergekommen. Hatten die Zimmer bisher fest versperrt und untereinander Komplexe gehabt. Die begeisterten „Handwerker" freuen sich jetzt besonders auf diese Feier. Auf die erstaunten Gesichter über ihre Basteleien. Frau Macher findet diese Gemeinsamkeit bemerkenswert. Es ist ein komisches Leben in diesem Hause. Jeder mißtraut jedem. Scheint zu minderwertig zum Miteinander zu sein. Diesen Zahn haben wir nun gezogen. Das Ergebnis lacht von überquellenden Tischen. Für die Ordensschwestern mußten wir uns auch was ausdenken. Ist jedes Jahr eine schwere Frage. Man weiß, sie lassen sich nicht lumpen und sollen sich auch über etwas freuen. Auch die Gestaltung des Festsaales stand zur Debatte. Man folgte meinem Tip, die Tische im Kreis aufzustellen, den Baum in die Mitte und die Geschenke darunter zu legen, damit alle den Baum und sich gegenseitig sehen können. Auch Lose hatte ich vorbereitet, damit sich die Gäste nicht stationsweise auf die Füße treten, dann auf jeden Platz eine Nummer gelegt und nun am Eingang ziehen lassen. Es entpuppte sich als sehr gelungene Idee. Die Runde ist völlig durcheinandergewürfelt. Den Höhepunkt bietet natürlich Frau Macher. Sie kommt als Kräuterhexe verkleidet. Hat passende Verse zu ihrem Aufzug gemacht und bringt alle Punkte hiebfest zur Sprache. Auch vor Maria baut sie sich auf und verabreicht ihr Kräuter zur Mäßigung. Maria sitzt zufällig zwischen zwei „Mannsbildern" und traut sich sowieso schon kaum, sich zu rühren. Mit Geschenken beladen, beenden wir den Abend. Der Koch eröffnet mir nebenbei, er mache dieses Fest sonst eigentlich nicht mit. Ich glaube, er hatte da was versäumt.

18. Dezember

Auf dem zweiten Stock ist der Teufel los. Sr. Gibfriede erscheint ermattet im Büro, hält den Zustand nicht mehr aus. Resi kommt kurz darauf auch angeschlichen. Sie weiß nicht, was sie alles falsch macht. Sogar Maria winkt mir durch den Türspalt zu. Auch sie versteht die Welt nicht mehr. Es ist ein Chaos an Unstimmigkeiten. Keine aufschlußreiche Situation. Wir fühlen, es braut sich was zusammen. Uns fehlen konkrete Anhaltspunkte. Resi braucht ab und zu noch Abstand, schluckt in Ecken die Trauer herunter. Sr. Gibfriede vermißt sie und sucht. Stöbert sie auf und erschreckt sie dabei. Keine will der anderen was Böses, alle fühlen sich unverstanden. Maria genießt diese heikle Lage. Fühlt sich topfit und setzt Annelie zu. Die ist ihr als Gastarbeiterin schon lange ein Dorn im Auge. Die Bewohner spüren diese Spannung, trauen sich gar nicht mehr auf den Flur, beschweren sich im Büro bei Frau Macher. Auf dem zweiten Stock wird das Leben zur Qual. Für uns steht Resi an erster Stelle. Sie nimmt Tabletten zur Beruhigung. Diese Phase muß abgewartet werden, lange wird sie gewiß nicht mehr dauern. Sr. Gibfriede und Maria sind gegensätzliche Naturen. Diese Zusammenarbeit wird schwierig bleiben, bietet keine Hoffnung auf Besserung. Resi dazwischen in ihrem Leid ist eine unglückliche Fügung. Wir machen uns große Sorgen um sie. Wenn es ihr wieder besser geht, werden auch die anderen zur Vernunft kommen. Resi absolviert ihre Arbeit pflichtgerecht, sie muß nur in Frieden gelassen werden. Und gerade das ist dort nicht möglich. Aber kein anderer Stock will Maria haben und keiner unter Sr. Gibfriede arbeiten. Ich biete mich an, wieder raufzugehen, auch Frau Macher erwägt die Idee. Aber dann läßt man mich nicht wieder gehen, und außerdem müssen sie selber zurechtkommen. Den Alten dürfen wir Resi nicht entziehen. Sie ist die einzige, die mit ihnen umgehen kann. Sie muß durchhalten, das Heim braucht sie ja so sehr. Wir holen sie zum Kaffee herunter, reden liebevoll auf sie ein. Sie steht doch über diesen Dingen, ist doch alles so unwichtig für sie. Sr. Gibfriede stürmt herein und sieht Resi bei uns sitzen. Knallt die Tür zu, jetzt weiß sie, was los ist. Uns wird ganz unbehaglich zumute. Ich kenne diese Stimmung gut. So ist es immer, diese Affekte schlauchen, bringen keine klärenden Gespräche. Sr. Gibfriede lauert mir abends auf. Steht im dunklen Gang plötzlich vor mir. Sie hat mir vertraut, soviel für mich getan. Ich darf ihr nun nicht in den Rücken fallen. Ich bitte, sie möge sich in Resis Lage versetzen. Sie muß sich kurzfristig mal ganz hinten anstellen, ihre Einfühlungsgabe aktivieren. Jetzt wird sie samt dem Orden gebraucht. Sr. Gibfriede weint sich in Fahrt, alle hackten auf ihr rum. Sogar die Schwestern schimpfen schon mit ihr. Das Herz macht auch nicht mehr zügig mit, und Ischias quält sie, keiner nimmt Rücksicht. Und mit Maria ist es eine Katastrophe, die ist reineweg unausstehlich. Schwester Oberin haut nur auf den Tisch. Verlangt, daß hier endlich Ruhe herrscht. Die finde ich auch in meinem Zimmer nicht vor.

19. Dezember

Die vier Wochen sind tatsächlich um. Bernhard ist schon wieder unterwegs. Zwei Zimmer von meinem liegt der Raum, der mir für ihn zur Verfügung gestellt wurde. Sr. Rosalinde versorgt mich mit Bettzeug und findet gar nichts bei Bernhards Einzug. Ich bitte den Hausmeister um muskulöse Hilfe. Will mein Bett ins andere Zimmer tragen, damit wir ein richtiges Schlafzimmer haben und meines als täglichen Aufenthaltsraum. Das ist für die vierzehn Tage wichtig, die Bernhard noch für uns abzwacken konnte. Die Oberin baut sich vor mir auf. Versteht nicht das mit dem Bettenumstellen. In jedem Raum ist doch eins vorhanden, das ist doch völlig ausreichend. Ich sage ihr lachend, ich hätte es gern so. Bin es langjährig nun mal gewöhnt. Sie will es noch genauer wissen, bohrt immer weiter. Frau Macher verschanzt sich prustend hinter der Schreibmaschine. Ich versichere der Oberin, alles ordnungsgemäß zu hinterlassen. Sie zuckt verständnislos die Schultern. Der Hausmeister hilft ohne Fragen, stellt die Betten gleich nebeneinander. Nach dem Dienst räume ich in den Zimmern herum. Laufe geschäftig von einem zum anderen. Maria hört, „ein Mannsbild" schliefe hier. Ist mächtig empört über Ausschreitungen. Daß es mein Mann sein wird, schluckt sie genehmigend. Ich verpuste mich in der gemeinsamen

Küche. Sie ist seit der Bastelei oft bevölkert. Sogar ein Farbfernseher zieht uns neuerdings dorthin. Er wurde dem Heim lädiert angeboten. Man wollte ihn abweisen. Ich aber schrie gleich, wir könnten ihn gebrauchen. Tatsächlich wurde er geliefert, repariert und gleich angeschlossen. So bietet er uns bunte Unterhaltung. Das hatte im Personalstock schon lange gefehlt. Wir sehen gerade zusammen einen Film, als Bernhards Autohupe draußen ertönt. Ich renne runter, zwei Etagen hinab, schließe auf, und Weihnachten ist da.

20. Dezember

Bernhard hat den Schlitten mitgebracht. Einen Sitz aufmontiert und Fußschlaufen befestigt. Unser alter war nicht zu gebrauchen, wir hatten ihn der Klinik geschenkt. Andi konnte sich nicht auf ihm niederlassen und den Rücken nicht lange geradehalten. Bernhard hat nun an alles gedacht. Die Tage scheinen ideal zu werden. Die Zimmer erfüllen die gedachte Aufgabe. Mein Weihnachtsgeschenk ist ein Kaffeeautomat. Er brodelt lustig und leitet duftend den Morgen ein. Bernhard ist sehr zufrieden hier. Hat es sich nicht so gemütlich vorgestellt. Auch duschen kann er am Ende des Flurs und sogar seine Sportschau sehen. Wie gut, daß ich keine andere Unterkunft fand. So kann ich ihm ein bißchen von meinem Leben hier vermitteln. Bernhard fährt allein zu Andi und hat den Schlitten mitgenommen. So ganz begeistert ist Andi nicht. Aber daran sind wir langsam gewöhnt. Auch der Roller steht noch unbenutzt da. Aber sonst ist Andi aufgeschlossen. Die Weihnachtsstimmung hat ihn gefangengenommen. Und mit Bernhard naht der Entlassungstermin. Andi kuschelt sich auf Vatis Schoß und erzählt ihm von der Mumpsgefahr. Sie hat ihn doch ziemlich mitgenommen, und beide schmusen befreit. Bernhard kommt ganz beseelt zurück. Ist wieder richtig Vati geworden, und ich warte mit Selbstgebrutzeltem auf ihn. Fast so typisch wie zu Hause. Töpfe und Pfannen hat er mitgebracht. Eine Kollegin stellte mir den Herd zur Verfügung. So kann man hier leben und leben lassen. Beim Essen berichte ich Bernhard, was ich inzwischen so alles erlebte. Ich hole die Post, ist gar nicht viel. Seine Verwandtschaft hat sich immer mehr in Schweigen gehüllt.

22. Dezember

Im Büro jagen sich die Termine der Jahreswende. Frau Macher kommt mit der Arbeit kaum voran. Muß ständig Probleme zwischendurch bewältigen. Auch ich muß sie oft stören, habe viele Fragen. Sie schafft das alles mit Gelassenheit. Der zweite Stock gibt keine Ruhe. Die Oberin weigert sich einzuschreiten. Kann auch nichts mehr machen, dort ist alles völlig verkorkst. Ich tippe mühsam die Abrechnungen. Muß dazwischen Krankenscheine ausschreiben. Und der größte Brocken, die Inventur, liegt wie ein unbezwingbarer Berg vor uns. Sterbefälle verzögern die Routine. Trotzdem herrscht bei uns Fröhlichkeit. Allseits wird sie in Anspruch genommen. Abends noch sitzen wir uns gegenüber. Haben die Bürotür abgeschlossen, die Vorhänge zugezogen. Frau Macher zählt Geld, ich auch. Stecke es in vorgeschriebene Kuverts. Es ist das Weihnachtsgeld für die Bewohner. Unterschiedlich viel, man muß wahnsinnig aufpassen. Die Summe stimmt, die Kuverts sind voll, der Pott ist leer. Schwester Oberin kann morgen Weihnachtsmann spielen. Andere Gelder mußte ich schon verteilen. Ohne Aufsehen den Bewohnern geben. Heimlich um Unterschrift bitten, die Oberin sollte nichts davon merken. Sie macht immer so eine Affäre daraus. Fragt die Alten, was sie mit dem vielen Geld machen; brauchten es doch hier gar nicht mehr. Und die fühlen sich dann zum Geben verpflichtet. Überlassen der Oberin einige Scheine. Glauben, sich einen guten Platz im Himmel erkauft zu haben.

24. Dezember

Viele Eltern sind nicht gekommen. Die meisten Kinder bleiben unbesucht. Ich gucke schnell bei Marianne hinein. Sie liegt seit Wochen fest in Gips. Hat sich zu ihrem ständigen Leiden nun auch noch den Oberschenkel gebrochen. Ist außerdem gerade von Mumpsisolierung zurück. Ihr Gips ist von oben bis unten bemalt, sie lächelt mich tapfer an. Besuch hatte sie schon lange nicht mehr, und auch über Weihnachten ist er nicht möglich. Sie erregt sich heftig, sie bekämen zu Hause Nachwuchs. Ich habe Verständnis für die Mutter und freue mich auch für Marianne. Doch sie sieht mich durchdringend an. Kann den Körper nicht wenden, ruckt nur den Kopf zur Seite: „Unser Hund kriegt Junge." Damit hatte ich nicht gerechnet. Verewige mich schnell auf ihrem Gips und will schwermütig das Zimmer verlassen. Marianne brummelt: „Wenn sie jetzt nicht kommen, brauchen sie 's überhaupt nicht mehr." Und das am festlichen Heiligen Abend! Wir dürfen Andi vormittags holen und brauchen ihn erst um sechs Uhr zurückbringen. Das ist eine ganz besondere Gnade, weil ich eine Fast-Wohnung bieten kann, in der ich selber Essen koche und deren Umgebung kinderkrankheitssicher ist. Ein Glücksfall reiht sich an den anderen. Ich habe Andi sein Breichen bereitet, wie er es besonders gern mag. Die Nonnen sind ihm unheimlich. Überall schlurfen sie herum, wollen ihn anfassen, neigen sich zu ihm. Aber er weiß auch, sie mögen ihn. Haben mir sogar einen nagelneuen Rollstuhl geliehen, den wir die Zeit über benutzen dürfen. Wir brauchen in der Klinik nicht mehr zu fragen und zu warten bis einer für uns frei wird, haben das Ding ständig parat. Und der Farbfernseher ist Andis Glück. Naschenderweise, flankiert von uns, genießt er die Berieselung. Zwei Menschen, die sich auf ihn stürzen wollen, sind auch noch zuviel für ihn, kann zur quälenden Belastung werden. Das wollen wir, wenn's geht, vermeiden. Im Schlafzimmer haben wir Geschenke verstaut. Führen Andi in den mit Kerzen geschmückten Raum. Er reißt gleich das Riesentier an sich, das ihn aus der Ecke erwartungsvoll ansieht. So ein Kuscheldding hatte er sich lange gewünscht. Fast so groß, wie er, das wirkt wie ein Bruder. Andi hat rote Ohren und sieht richtig ein wenig glücklich aus. Im Büro saß der Riesenhund auf dem Beistelltisch. Gewöhnte sich langsam an meine Nähe und erfreute alle Vorbeikommenden. Nun scheint es der richtige zu sein. Bernhard umarmt mich und Andi uns. Seine Ärmchen fallen geschwächt herab. Die unsichtbaren Bande halten uns weiter fest.

26. Dezember

Andi hatte den Heiligen Abend auch noch in der Klinik gefeiert. Dort wurde er festlich begangen. Soziales Verhalten hatte ihn dazu gedrängt und auch die erwarteten Geschenke. Uns war es recht so, er soll sich nicht ausschließen. Auch über die Feiertage können wir Andi mittags holen. Zum Essen wünschte er sich Nudeln mit Tomatensoße. So was gab es bei uns zu Weihnachten noch nie! Aber selten schmeckte es allen so gut. Auf dem Schlitten sitzt Andi mittlerweile gern. Läßt sich genüßlich durch die Gegend ziehen. Der Koch schickt verwöhnende Sachen, und wir leben wie Maden im Speck. Die Festtage liegen dieses Jahr ideal. So richtig arbeitnehmerfreundlich. Ich habe frei und kann hausfraulich walten. Wir genießen unser Zusammensein, und Andi ist unser lieber Junge. Die Ablieferungszeit kommt immer viel zu früh. Resi ist bei ihren Kindern und dort sicher gut aufgehoben. Maria ist über Weihnachten hier. Hat meist Dienst oder versteckt sich im Zimmer. Kein Mensch scheint irgendwo auf sie zu warten. Sie hört unser fröhliches Geplauder und zieht sich noch mehr in sich zurück. Ich kann sie nicht daraus hervorlocken, und auch auf der Station spürt man die Verhärtung. Sie ist ein ganz kaputter Mensch, der in diesen Tagen besonders leidet. Ich denke an sie, an Resi und Marianne im Gips. An die alten Menschen im Neubau, die in ihren Zimmern voller Erinnerungen vor der Kerze hocken. Es gibt so viele vereinsamte Arme, uns finde ich nicht unter den Bedauernswerten.

27. Dezember

Bernhard ist mit Frau Macher zum Langlauf unterwegs. Der Tag ist sonnig mit knallblauem Himmel. Schöner könnte es gar nicht sein. Ich hole Andi ab und fahre ihn mit dem Rollstuhl zum Heim. Verlebe einen richtigen Muttertag. Zeige Andi den ganzen Bau. Er sieht toll aus, ist sehr modern. Die Türen sind farbenfroh gestrichen, muß ein guter Berater gewesen sein. Andi meint, so müßten sie auch in der Klinik sein. Aber so ist das immer. Hier sehen die Bewohner die Farben meist nicht, und wenn, dann hätten sie's lieber alles in Weiß. Richtig flott sind die schwarzen Fensterrahmen. Und alles ist mit Teppichboden ausgelegt. In der Klinik nur schrubbsicherer Boden. Doch die Gänge im Heim sind sehr verschachtelt, auch das empfindet Andi gleich. Die Bewohner haben Balkons mit freier Sicht, aber das Personal könnte Rollschuhe gebrauchen. Und ein gemeinsamer Eßraum fehlt. Den vermißt Andi, ist ihm sehr wichtig. Er glaubt nicht, daß man lieber alleine speist. So ganz für sich, ohne jeglichen Kontakt. Das habe ich auch schon debattiert. Aber viel schlimmer ist der Gemeinschaftsraum. Man hätte ihn zugänglicher gestalten müssen, könnte die Cliquenwirtschaft lockern. Aber das will man wohl gerade nicht. Andi hat es auch schon erkannt, es spiegelt ungefähr seine Klinik wider. Entfalten kann man sich hier genausowenig. Aber sich wohl fühlen und leben ohne Frage. Mir geht es nicht mehr aus dem Sinn, daß die Nonnen die Stationen wechseln sollten, in der Kinderklinik arbeiten. Wären dort an der richtigen Stelle mit ihrer Opferbereitschaft und vielen Zeit. Könnten die Kinder wiegen und hätscheln, rund um die Uhr Bezugsperson sein. Das wäre geradezu ideal, für beide Parteien ein Gewinn. Und hier könnte das Leben einziehen. Mit jungen, beschwingten, erfrischenden Kräften. Würden die Alten aktivieren, sie an ihre Enkel erinnern und mehr Verständnis für diese fördern. Das ist wohl etwas Grundsätzliches, ich komme nicht mehr davon los. Die Zeiten haben sich so sehr gewandelt, man müßte ihnen bewußt begegnen. Ich habe beides kennengelernt, Jugend und Alter gleichermaßen. Die Versorgung ist nicht das wichtigste, die Betreuung verlangt Eingehen auf ihre Bedürfnisse.

29. Dezember

Bernhard tapeziert einen Teil der Küche. Verschönt im Altbau unseren neuen Fernsehraum. Er freut sich, nützlich sein zu können, und erledigt auch kleine Reparaturen. Er ist voll ausgelastet damit und fühlt sich aufgenommen. Ungefähr zehn Ärzte betreuen die Heimbewohner. Sie kommen heute ins Büro. Übergeben mir eine Namensliste. Diese Patienten dürfen kneippen, auch turnen, wenn's nicht zu turbulent wird. So langsam gerät dieses Thema in den Vordergrund. Bewegung der Alten lag mir schon lange am Herzen, nachdem das gemeinsame Wandern nicht klappte. Es war einfach keine Gruppe zu bilden.

Mit erstaunten Augen sehe ich nun das Bad. Sr. Rosalinde zeigt es mir im Keller. Ist noch nie benutzt worden, noch nicht einmal gefüllt. Soll nun durch mich zu Ehren kommen. Ich hatte mich dafür angeboten und bin begeistert vom Unternehmen. Will die Kneipp-Interessenten etagenweise bewegen und auch Gymnastik mit ihnen machen. Sogar Herr Humann hat sich gemeldet, das ist eine besondere Überraschung. Auch die Weihnachtsfeier hat er besucht und mir seinen Entschluß flüsternd anvertraut. Sr. Rosalinde will unbedingt auch mitmachen und sogar den Festsaal fürs Turnen räumen. Es fehlt nun mal ein passender Raum. Auf jeden Fall, nun geht's bald los. Die Neuheit wird auf alle Etagen getragen und von vielen mit Ideen angereichert. Eine Welle von Bereitschaft und Ansporn erfüllt das Haus. Nur der zweite Stock hat andere Sorgen. Maria wird nasenkrank, immer unausstehlicher. Resi zittert vor Sr. Gibfriede, nimmt hochsensible Abwehrstellung ein. Und Sr. Gibfriede tritt von einem Fettnäpfchen ins nächste. Sie will nicht mehr, Resi kann nicht mehr, und Maria soll nicht mehr. Dazwischen hält Annelie die Stellung. Am 4. Januar wird Maria nun endlich operiert. Vielleicht macht es sie genießbarer. Diese Hoffnung ist schon mal erfreulich, aber Resi ist trotzdem fix und fertig. Will kündigen, irgendwo anders arbeiten, wo man sie in Ruhe läßt, denn schaffen kann sie. Die Oberin hat den Zank schon längst satt. Frau Macher schickt sie energisch hinauf. Sie soll nun mal grundlegend Ruhe schaffen. An einem allein kann's ja nun nicht liegen. Resi muß unbedingt gehalten werden. Die Oberin grinst belustigt, hat eine tolle Idee. Den ganzen Stock zusammen rausschmeißen, einfach neue Leute einstellen. Frau Macher guckt mich entgeistert an, ist nun bald mit ihrer Geduld am Ende. Ich bin entsetzt, so darf die Oberin nicht denken. Kann nicht einfach Menschen fallenlassen. Diese Lösung beträfe nicht die Ordensschwestern. Und bei denen scheint auch nicht alles fraglos. Zwei junge Helferinnen sind schon verschlissen, haben heulend Weiterarbeit auf dem zweiten Stock verweigert. Sogar die Eltern sind gekommen, haben nach Gründen geforscht. Gerade die Jugend ist so empfänglich, muß sorgsam ins Leben geleitet werden. Ich bin richtig fassungslos, auch Bernhard ist ganz ergriffen.

31. Dezember

Heute abend wechselt das Jahr. Ich habe noch Dienst, und Bernhard kauft ein. Frau Krumm ist im Zimmer ausgerutscht. Scheint sich was gebrochen zu haben oder jedenfalls geprellt. Man muß schon untersuchen lassen. Der Krankenwagen kommt, fährt sie ins Krankenhaus zum Röntgen. Es klappt alles prima, sie kommt nur nicht wieder. Am späten Nachmittag ist sie immer noch nicht zurück. Ich rufe im Krankenhaus an, werde mit sämtlichen Einrichtungen verbunden. Frau Krumm ist und bleibt unauffindbar. Wir lassen nicht locker, müssen uns doch um sie kümmern. Im ganzen großen Kreiskrankenhaus wird Frau Krumm über Lautsprecher ausgerufen. Und tatsächlich hat es sich gelohnt. Sie liegt auf einer Station im Bett und muß auch einige Zeit da bleiben. Man hatte vergessen, uns zu informieren. Ist nicht so schlimm, man gab ihr immerhin ein Nachthemd. Ich finde das alles gar nicht lustig. Hole mir einige Sachen aus Frau Krumms Zimmer und fahre schnell mit Bernhards Wagen zu ihr. Daß sie blind ist, hatte man gar nicht gemerkt, ihr alles einfach hingestellt. Sie liegt mit gebrochenen Rippen allein im Zimmer. Stockfinster ist es, ihr aber wohl egal. Sie freut sich sehr über meinen Besuch und bittet mich, alles zu beschreiben. Sie weiß gar nicht, mit wem sie hier liegt, und vor allem mit wie vielen, möchte sie gerne wissen. Auch wo der Nachttisch ist und die Toilette. Ganz schockiert fahre ich zum Heim zurück, wo mich Andi und Bernhard gemütlich erwarten. Frau Krumm schließen wir im Geist innig mit ein.

Unsere Essensvorbereitungen waren umsonst. Andi darf nur Zwieback und Tee haben. In der Klinik grassiert der Durchfall, und Andi hat sich schon übergeben. Um fünf Uhr fahren wir ihn mit dem Schlitten zurück. Der Himmel über uns ist sternenklar. Ringsum böllern vereinzelt Raketen. Beim Heim fährt ein Polizeiwagen vor. Das ist was für Andi, wir müssen halten. Werden nach Jugendlichen befragt, die hier Knallereien veranstaltet haben mit Knallfröschen und Silvesterkram. Bewohner des Altenheims haben sich beschwert und die Beamten angerufen. Der Krach und die Blitze am Himmel störten sie im ersten Halbschlaf. Andi versteht die Welt nicht mehr. Und auch uns fehlt das Verständnis. Eigentlich müßte uns so richtig nach Abfeuern zumute sein. Das alte Jahr abschießen mit allen Schikanen und das neue farbenfroh begrüßen.

1. Januar

Andi hat in der Nacht gespuckt und sieht ganz käsig aus. Er ist froh, geholt zu werden. Um ihn lungern sie herum wie müde Fliegen. Der Schnee hat ziemlich abgenommen, zum Schlittentransport reicht er nicht mehr aus. Wir fahren mit dem Rollstuhl umher, meist auf der Straße. Alles ist voll mit geparkten Wagen und kein Vorbeiquetschen mit dem Rollstuhl möglich. Das Rodelrennen wird stark besucht und auch vom Fernsehen übertragen. Vielleicht kann man uns sogar sehen. Bernhard liest an der Anzeigentafel, und Andi schreibt sorgfältig die Punkte auf. Er mag Tabellen und Aufstellungen. Darf auch in der Klinik das Fieber der Kinder in die Kurvenblätter eintragen. Darauf kann man sich völlig verlassen. Dann schnell zum Heim und Tee gekocht. Dazu Zwieback, wir knacken alle gemeinsam. Und dann zur Klinik, die Zeit ist schon rum. Das neue Jahr hat begonnen. Wir bedienen uns der ersten Tage ohne Scheu, denn wir brauchen sie zu Andis Gesundung.

3. Januar

Der Augenarzt hat mir eine Brille verschrieben, eine typische Alterserscheinung bei mir entdeckt. Das macht mich direkt würdig und gesetzt. Dazu muß nun auch die Brille passen. In der Besuchszeit wollen wir sie kaufen, haben schon vorausgewählt. Andi muß die Entscheidung treffen. Er hat einen sicheren Geschmack und muß meinen Anblick ertragen können. Der

Optiker staunt über Andis Kritik, gibt ihm letzten Endes recht. Wir fügen uns seinem überzeugenden Urteil. Der Kauf hat uns richtig Spaß gemacht, wird durch das Erstehen von Schlittschuhen noch gekrönt. Bernhard entdeckte hier seine Eislaufleidenschaft, er benutzt die Gelegenheit oft. Mit Andi im Rollstuhl beobachte ich gern das muntere Treiben. Sehe Bernhard gewaltiges Tempo entwickeln, andere fluchtartig an die Bande springen. Andi entsetzen die Stürze, bei denen andere Läufer wie in einer Kettenreaktion mitgerissen werden. Viel Prominenz entdecken wir auch und sogar Margrits Eltern bei zaghaftem Versuch. Bernhard überrundet alle und nimmt nun ein Mädchen an die Hand. Wir wagen kaum, unseren Augen zu trauen. Das ist tatsächlich Margrit! Die Eltern fühlen sich ertappt, bitten uns, nichts zu verraten. Margrit hat sichtlich Freude am Lauf, richtig rote Backen bekommen. Aber ideal ist's nicht für sie, nicht für ihre kaputten Gelenke. Die Unfallgefahr ist kaum zu ignorieren. Ich hätte nicht den Mut dazu, auch Sorge um die anderen Kinder, deren Freiheiten durch solchen Leichtsinn noch mehr eingeschränkt würden.

Andi wartet mittags gespannt im Bett, hat schon ganz verschwitzte Hände bekommen. Wir müssen jetzt zum Chefarzt runter, zur entscheidenden Besprechung. Sollen nachher nochmal kommen und Andi vom Ergebnis berichten. Der Chefarzt kann nichts Neues bieten. Es ist immer dasselbe, eine Entlassung einfach viel zu verfrüht. Die Verantwortung wäre für uns zu groß. Aber wir wollen unbedingt. Vielleicht ein paar Wochen – als Unterbrechung –, wollen es auf jeden Fall probieren. Ende Januar, Anfang Februar wird uns dann in Aussicht gestellt. Wenn bis dahin nichts anderes eintritt. Noch so lange – Andi ist zuerst richtig enttäuscht. Doch unsere Vorfreude reißt ihn mit, steckt an, versetzt uns alle in Festtagsstimmung.

5. Januar

Weihnachten und Neujahr sind fast vergessen, Bernhard ist schon wieder zu Hause. Hat viel Kram mitnehmen müssen. Das Auto war ganz schön vollgepackt. Von Andi allein ein ganzer

Schwung und dazu meine überflüssige Dekoration. Mutti hatte mich versorgt. Zum Advent ein rührendes Paket geschickt mit heimatlicher Weihnachtsausstattung. Und die liebevollen Geschenke von unseren mitfühlenden Bekannten warten nun zu Hause auf uns. Mein Zimmer, das Heim, die Klinik, den Ort betrachte ich mit erwachendem Interesse. Auch Andi zeigt sich aufgeschlossen, bietet der vernachlässigten Umwelt etwas. Scheint aus Dornröschenschlaf zu erwachen und nimmt alle Behandlungen innerlich abhakend auf sich. Frau Macher freut sich für mich mit. Bedauert das Ende unserer Zusammenarbeit. Doch Maria schockt uns weiterhin. Nahm ihren Operationstermin nicht wahr. Hat sich einfach nicht getraut und alle Planungen umgeworfen. So kann sie das ja nun nicht machen. Burgi ist für sie eingesprungen und nun erschrocken über Marias Erscheinen. Im zweiten Stock ist das neue Jahr mit konfuser Dramatik angetreten. Man steigert sich gleich in Zerwürfnisse. Maria kommt abends in mein Zimmer. Nun ist es also doch passiert. Die Oberin hat gesagt, sie solle gehen. Einfach wegbleiben, nicht wiederkommen. Ich verstehe das nicht, kann doch nicht sein. Sowas wird doch erst mit Frau Macher besprochen, die Kündigung großartig vorbereitet. Und kein Mensch hat davon eine Ahnung. Die Oberin hat sich Luft gemacht, das Amtliche dabei umgangen. Ich rede lange mit Maria. So einfach ist das alles nicht. Maria ist nachmittags dem Dienst ferngeblieben, gemäß Schwester Oberins Aufforderung. Sr. Gibfriede hat sie laut tönend vermißt, wurde nicht von der Oberin informiert. Nun hängt Maria noch Arbeitsverweigerung an. Aber noch vieles andere mehr. Sie muß hier ihr Zimmer aufgeben, das Weihnachtsgeld zurückzahlen und wird schwer eine neue Stelle finden. Diese muß vor allem mit Unterkunft sein. Sie hat keine Examen und ist ziemlich alt, eine Kündigung geradezu katastrophal. Sie heult, ist entsetzt über die Eröffnung. Sie hat so gar keine Ahnung von allem. Ich überlege hin und her, wie man die Situation retten könnte. Die Kündigung ist noch nicht aktenkundig. Maria muß ihr unbedingt zuvorkommen. Soll gleich schriftlich zum 1. April um Entlassung bitten, sich in Ruhe eine andere Stelle suchen und vor allem in dieser Zeit operieren lassen. Ein anhängliches Häufchen Elend und Unsicherheit verläßt mich um Mitternacht.

6. Januar

Heute ist Feiertag, nicht überall. Aber Andi darf ich nachmittags holen. Richtig schöne Stunden verleben. Windpocken haben die Klinik erfaßt, das einzige, was Andi schon mal hatte. Für die Klinik ist es ein ziemlicher Schlag. Sie kommen kaum noch aus der Sperre.

Mutti schreibt immer noch treu. Hat einen Kohlkopf aufs Kuvert geklebt. Die Oberin konnte sich kaum davon trennen. Mutti freut sich riesig auf uns, kann unser Kommen noch gar nicht fassen. Ihre Vorbereitung bedrückt mich, ängstigt mich etwas. Sie plant und regelt, hat uns schon völlig im Griff. Will alles zweihundertprozentig tun. Hat sich innerlich nicht auf die Krankheit eingestellt. Läßt sich bedauern, bemitleidet uns. Will Gesundung hören, glaubt nicht daran. In diese Atmosphäre zu kommen, ist für Andi und mich nicht ideal. Eine intakte Umwelt ist nach sieben Monaten hier schon ein Problem, wird es für uns alle sein. Andi behinderter zu machen, als er ist, läßt mich allergisch reagieren. Mutti soll sich über sein Dasein und ihre aktive Omarolle freuen, uns mit Erfahrung und hoffnungsvollem Vertrauen unterstützen, uns vor Gerede und Unruhe abschirmen. Sie wird auch Zeit brauchen, sich darauf einzustellen.

9. Januar

Frau Macher ist die Galle übergelaufen. Kein Wunder bei den turbulenten Ereignissen. Sie sieht noch ganz schön elend aus, aber zu Hause hält sie auch nichts mehr. Ich berichte ihr gleich von Maria und meinen ihr erteilten Ratschlägen. Da klopft sie schon und übergibt Frau Macher ihr Kündigungsschreiben. Diese findet alles in Ordnung so, ist allerdings entsetzt über Schwester Oberins unsachgemäße Handlungsweise. Die Ordensschwestern werden in Kursen diesbezüglich unterrichtet, behalten aber kaum etwas davon. Unsere Oberin ist immer froh, wenn man sie in Ruhe läßt. Sie weiß, ihr liegt dieser Posten nicht. Oft tritt sie mit beiden Beinen zugleich in kaum zu erahnende Fettnäpfchen. Das Repräsentieren mag sie schon gar nicht, verläßt sich auf die Wirkung simpler Witze. Erheitert sich auch oft über sich selbst und ist ein völlig harmloser, lieber Mensch in ihrer Unbekümmertheit. Den Untergebenen verschlagen ihre Aktionen oft die Sprache. Verwaltungstechnisch und gesellschaftlich zeigt sie sich grundlegend uninteressiert. Sie bittet selber um Milde und Nachsicht und erweicht damit jedes Herz. Schwester Oberin leidet einfach unter Autoritätsmangel und wäre gern eine kleine Maus. Der Alkohol ist ihre Zuflucht, ihr ständig parates Mauseloch. Ich kann ihr das nicht verübeln, ihre Position verbietet es aber. Ich habe schon vieles mitbekommen, wovon ich manches nicht verstehe.

Das neue Jahr bringt Zusatzarbeit. Alle Bewohner brauchen Konten. Das Heimgeld soll bargeldlos eingezogen werden. Auch Frau Bohl auf dem ersten Stock hat noch keins. Sechs Sparbücher lagern versteckt und verstreut mit kaum zu summierendem Sparguthaben. Frau Bohl und ihr Zimmer sehen erbärmlich aus, kaum ein paar eigene Sachen hat sie. Hängt sich ein Stofffragment über die Schultern und läßt sich unwillig zur Sparkasse schleppen. Zwei Tage bat ich sie geduldig, nun ist der große Augenblick da. Einen Ausweis konnten wir nicht finden. Frau Bohl lachte so verschmitzt. Den ganzen Rückweg, Arm in Arm, überraschte sie mich mit verschlagenen Andeutungen. Sie hat eine gewitzte Bauernschläue. Einen Erben hat sie nicht, und wenn doch einer aufkreuzen sollte, „kriegt der nischt" und „das Heim schon jarnischt". Allein das erfreut sie, und dafür hortet sie emsig weiter.

12. Januar

Andi strengt der Fersen- und Schneidersitz doch immer noch sehr an. Zehn Minuten mit Sandsäcken drauf sind eine schmerzhaft lange Zeit, trotzdem mogelt er nie. Die Gymnastin ruft aus der Ferne Befehle. Glaubt die abgesessene Zeit einfach nicht, läßt ihn das gleiche nochmal machen. Das ist gar nicht gut und schon lange nicht richtig. Wuttränen füllen seine Augen. Die Gymnastin fühlt sich wie ein König. Bald hat er diese Tortur geschafft. Am 2. Februar hauen wir ab, haben heute den festen Termin –

einen Dämpfer allerdings dazu. Zu Windpocken hat sich wieder Mumps gesellt. Das trifft nun auch Andi, er ist wieder im Schußfeld. Es macht ihn unglücklich, wirft ihn zurück. Wenn er Mumps bekommt, ist Entlassung nicht möglich. Im Büro werde ich sehr schnell abgelenkt. Die Inventur geht schleppend voran. Habe schon Ordner mitgenommen, abends in Ruhe darin gewühlt. Anmeldungen müssen ständig angenommen, Interessierte herumgeführt werden. Dazwischen zigtausend Kleinigkeiten. Zimmerausräumen Verstorbener. Auflistung der persönlichen Habe. Sr. Alfonso ist immer zur Stelle. Erhofft stets, etwas abstauben zu können. Die Oberin würde ihr alles schenken, aber das darf nun mal nicht sein. Nerven muß man im zweiten Stock haben! Resi ist nun völlig am Ende, muß oft zum Gericht, Sr. Gibfriede mäkelt über ihr Fehlen. Erzählt reihum, Resi sei verrückt, würde langsam reif fürs Irrenhaus. Resi glaubt nun selbst daran. Hat sich bei der Nervenärztin angemeldet. Da oben wird sie noch ein Wrack, systematisch kaputt gemacht. Nun will sie tatsächlich kündigen. Und Annelie will dann auch nicht bleiben. Das ist denn doch ein bißchen zuviel. Sr. Gibfriede als überlebender Sieger auf verwaister Station. Die Oberin will nichts mehr hören, hält sich einfach die Ohren zu. Frau Macher ruft den Direktor an. Er ist schockiert, wird versuchen zu kommen. Es bleibt wohl keine andere Wahl.

14. Januar

Andi zählt die Tage und Mumpsfälle. Die Schwestern stöhnen unter der ständigen Isolation. Die Kinder kommen überhaupt nicht mehr raus, hocken in ihrem eigenen Mief. Eine Tischtennisplatte wurde aufgebaut. Humpelnd und in Rollstühlen spielen sie und haben kurzfristig Freude daran. Schulunterricht und Behandlungen werden so eingeschränkt, daß ich Andis Entlassung heiß ersehne. Dem Chefarzt zeige ich wieder eine Entdeckung. Der fühlt bedächtig, ist ganz erregt. Führt meine Hand über die Schwellung am Arm, sucht mit mir nach Worten. Wir einigen uns auf Grießkörnigkeit, muß unbedingt ergründet werden. Ich wundere mich wie schon oft über die Wichtigkeit meiner

Beobachtung. Warum sehen die Ärzte das nicht selbst? Sehen sie sich Andi überhaupt an? So richtig mal von oben bis unten? Mit Lebertasten und Herzabhorchen und allen wichtigen Untersuchungen? Beim Augenarzt war Andi schon zweimal. Noch scheint alles in Ordnung zu sein, aber mit Veränderung muß durch den Krankheitseinfluß gerechnet werden. Die Kontrolle beruhigt mich ja schon. Auch ein Zahnarzt müßte ihn mal untersuchen. Alles wartet ruhig ab, läßt erst etwas in Erscheinung treten, setzt dann mit der Behandlung ein. Die paar Tage werde ich das auch noch überstehen können. Und Andi wird schön durchhalten müssen.

Auch im Heim kommt mir ein Rollstuhl entgegen. Frau Weller möchte telefonieren. Sie trägt ihre sie entstellende Verkrüppelung mit Fassung, pflegt dabei ihren warmherzigen Humor. Lachend verrät sie mir ihr Rezept: „Ich leide gern für die Sünden der anderen", rechnet aber nicht mit späterem Ausgleich. Das trifft mich doch sehr. Ein Stück dieses Glaubens würde mir sicher gut bekommen. Frau Weller muß einfach telefonieren, um Kontakte zu haben. Ich freue mich jetzt sehr für sie, daß eine öffentliche Telefonzelle installiert werden soll. Die Stadt wollte dem Heim etwas schenken, ich hatte Gelegenheit diesen Wunsch vorzutragen. Auch Frau Magener kann ihren Sohn dann hören. Sie hat so viele schwierige Fragen. Zwei Abende verbringe ich bei ihr, fülle Formulare aus. Es sind private Unterlagen von ihrem früheren Besitz, die jetzt noch etwas bringen sollen. Alles ist verwirrend und kaum zu verstehen. Frau Magener schläft zwischendurch ein, läßt mich einfach mit ihrem Kram sitzen.

15. Januar

Frau Lecher vom Altenheim ist ausgegangen. Hat Geld aus ihrem Strumpf geholt, es tief unter ihrer Bluse versteckt und angeblich Einkäufe gemacht: zwei Paar Schuhe. Nur sind sie nicht da, irgendwo abhanden gekommen. Frau Lecher ist oft durcheinander. Allein der Schuhkauf ist schon fraglich. Wir rekonstruieren gemeinsam den Ablauf. Ergründen verwirrende Unternehmungen. Frau Macher ist Meisterdetektiv. Befragt geschickt und schaltet schnell. Telefoniert in der Gegend herum. In der Nähe eines Eßlokals endet die verfolgte Schuhspur. Der Besitzer hat nichts gefunden, will trotzdem der Sache nachgehen. Das ist ja nun wirklich rührend, ein wahrhaft seltener Fall von Nächstenliebe. Frau Lecher tobt und zetert weiter. Sie will ihre Ehre und die Schuhe. Ich soll mit ihr den Weg abgehen, ins Schuhgeschäft und dann auf gut Glück weiter. Auch zur Bank muß ich mit ihr. Sie hat schon zweimal das Sparbuch verloren. Ein neues soll eröffnet werden. Keinem vertraut sie, schon gar nicht der Bank. Ist durcheinander, schimpft auf die Welt. Endlich ist das auch erledigt, ich nehme das neue Buch an mich, werde es Frau Macher für den Tresor übergeben. Am Rathaus fällt Frau Lecher was ein. Ihren Ehrensold muß sie sich holen, hat ihn schon lange nicht mehr bekommen. Das werden wir später alles ergründen, nun erstmal schnell zurück zum Heim. Mein Arm ist schon ganz lahm vom Ziehen. Nun muß ich nochmals im Zimmer suchen, abschließend nach den dummen Schuhen. Frau Lecher wohnt im Altbau im früheren Röntgenraum, hat drei Umkleidekabinen mit im Zimmer. Jede einzeln abgeschlossen, die Schlüssel tief in den Kleidern versteckt. Frau Lecher wirft sich auf den Boden, kriegt einen Anfall, tobt wie wild. Ich bin ganz verstört, Frau Macher nicht. So was ist ihr schon lange nicht mehr neu.

17. Januar

Ein verschneiter Sonntag erwartet mich und mit ihm ein noch mumpsfreier Andi. Wir dürfen nicht raus, keine Schlittenfahrt machen. Ihm ist das heute auch egal. Er hat sich im Tischtennis geübt. Die Bälle bekommt er zwar nicht vom Boden, andere Kinder heben sie auf. Ich zeige ihm, wie er sie an der Wand hochschieben kann, auch durch Draufschlagen sie aufzufangen. Die Reaktion fehlt noch, aber er übt. Ist stolz über selbständige Erfolge. Das muß mit eigenem Schläger belohnt werden. Ich zähle die ganze Besuchszeit Punkte. Es macht uns allen großen Spaß. Bärbel fährt mit dem Dreirad herum, hält vor mir, bittet: „Andi Mama Arrrrrm." So bilden wir eine große Familie, die durch die schrille Klingel aufgelöst wird.

Das Fahrrad kämpft inzwischen mit dem Schnee, rutscht nach allen Seiten weg. Bin ein richtiger Radkünstler geworden. Der Fahrtwind schneidet ins Gesicht, läßt kaum noch die Augen offenhalten. Rutschend und schlingernd, mit einem Bein tretend, erreiche ich leicht vereist das Heim. Habe ab mittags Dienst versprochen, natürlich auf dem zweiten Stock. Aber wenn, nur ganz allein. Will nicht noch mehr reingezogen werden. Habe schon zuviel gewagt. Der Direktor hat sich angesagt. Bis dahin will ich auch nichts mehr hören. Noch kenne ich das Geschirr von jedem, auch den Appetit der Zimmerbewohner. Es macht richtig Freude, so zu walten. Hier fühle ich mich fast wie zu Hause.

20. Janaur

Der Direktor kommt, verlangt meine Anwesenheit. Ich kann nicht wie üblich zu Andi fahren. Rufe an, vertröste ihn auf den Nachmittag, dann wird es sicher möglich sein. Der Direktor ist ein strenger Mann. Hat Übersicht, urteilt gerecht. Sein Amt verlangt diese Eigenschaft. Achtzig Heime unterstehen ihm, sind eine große Verantwortung. Und nicht nur das Personal macht ihm Sorgen, vor allem sind es die Bewohner. Daß alles ihren Wünschen entspricht, sie einen guten Lebensabend verbringen. Mit Schwester Oberin verzieht er sich und redet ihr eindringlich ins Gewissen. So kann das alles nicht weitergehen, sonst müssen Konsequenzen folgen. Frau Macher ist sein ganzer Trost. Sie umreißt kurz die Heimsituation. Informiert knapp über das unlösbare Problem der zweiten Etage. Dann werden alle zusammengetrommelt. In den Tagesraum in zweiten Stock. Auch Annelie muß kommen und sogar ich unbedingt dabei sein. Mir ist richtig mulmig zumute, nun werde ich auch was abbekommen. Bei Sr. Gibfriedes Worten stürzt Resi hinaus. Meint, sich übergeben zu müssen. Sr. Gibfriede faßt sich stöhnend ans Herz, und Maria wird langsam keß und frech. Eine brodelnde Versammlung, vom Direktor scharf unterbrochen. Das reicht ihm, läßt keine Frage offen. Jeder bekommt eins auf den Deckel. Auch Sr. Gibfriede wird nicht geschont und Resi wieder hereingezerrt.

Sie soll jetzt ihre Empfindungen offen bekennen. Sie schafft es kaum, bricht bald zusammen, die anderen fallen fast über sie her. Die Spannung ist kaum zu ertragen, dem Direktor reißt fast die Geduld. Nun erspäht er mich mit scharfem Blick. Ich soll ihm meine Erfahrungen berichten. Ruhig beginne ich mit meiner Aufnahme hier, schildere das Wohlwollen aller Beteiligten. Versuche die Mitarbeiter zu beschreiben, ihre komplizierten Charaktere. Nicht nur das Personal verursacht Störungen, auch der Orden trägt Schuld, verhindert sie nicht. Es ist ein schwieriges Problem, in dem freie Mitarbeiter nicht verschlissen oder fallengelassen werden dürfen. Dem Direktor genügt das, er hält eine eindrucksvolle Rede. Mit Frau Macher ißt er danach zusammen, ich warte inzwischen nervös im Büro. Weiß überhaupt nicht, was nun wird. Ernst sieht er mich an, drückt mir fest die Hand. Veranlaßt mein Gehalt länger zu zahlen. Das Weihnachtsgeld kann ich auch behalten. Und er gibt Anweisung, mich jederzeit wieder aufzunehmen. Sollte nichts anderes frei sein, mich sogar als Beschäftigungstherapeutin einzustellen. Er sagt mir viel Nettes und Tröstliches. Ich kann es kaum fassen, bin richtig erleichtert. Sehe Frau Macher an, sie nickt bestätigend. Ich bin unverdienterweise der Gewinner des Tages.

22. Januar

Nun schwinden die Tage, fliegen dahin. Ich wollte noch so viel, die Zeit reicht nicht mehr dazu. Wollte auch in der Küche noch was lernen, der Koch war bereit, mir in einer Woche Gerichte zu zeigen. Die Krankenscheine muß ich auch noch holen, überall zusammensuchen. Ich bin schon allgemein bekannt, in Geschäften und bei sämtlichen Behörden. Mir ist das gar nicht unangenehm. Vielleicht werde ich es sogar vermissen. Im neuen Jahr müsssen viele Listen geführt werden, alles muß seine amtliche Ordnung haben. Über dreihundert Anmeldungen liegen vor, nur aus der näheren Umgebung. Alle wollen in dieses Heim, hoffen darauf und sehnen sich danach. Müssen angeschrieben werden und selbst ihr weiteres Interesse bekunden. Die Heimkosten haben sich auch geändert, müssen umgeschrieben werden.

Ebenso müssen Jahreslisten und die hartnäckige Inventur endlich abgeschlossen werden.

Trotzdem laufe ich zweimal in der Woche noch Schlittschuh. Genieße die kalte Luft um mich, das schnelle Gleiten. Viele Schwestern von Andis Station treffe ich dort. Nehme Schwester Gaby an die Hand. Sie läßt sich verängstigt von mir ziehen. Ich freue mich über diesen Anschluß. Die Schwestern merken, ich bin gar nicht so. Ich will ihnen nichts, sie sollen mich nur wollen lassen.

24. Januar

In der Nacht hat's grimmig gefroren und auch eine dicke Schicht geschneit. In der Dunkelheit ist der Hausmeister schon am Werk, schippt den Schnee gekonnt zur Seite. Ist ihm auch am Sonntag eine selbstverständliche Pflicht. Mein Fahrrad knirscht sich eine Spur zum Krankenhaus. Ich will die operierte Maria besuchen. Sie liegt in der Mitte des Dreierzimmers und röchelt überrascht: „Jo mei." Hat nicht an mein festes Versprechen geglaubt. Man hat schmerzhaft an ihr gearbeitet, sie ist ganz schön mitgenommen. Hoffentlich hat sich der Eingriff gelohnt, das wünschen wir uns beide sehr. Sie freut sich auf ihr Zimmer, einen neuen Anfang, vielleicht wird doch noch alles gut. Der Direktor nahm ihre Kündigung an, hat aber einen Rücktritt ihrerseits offengelassen. Das beruhigt uns beide sehr. Sie wird wohl nichts finden. Keiner will sie, braucht sie, möchte sie haben. Von Maria aus fahre ich zu Andi. Bin ganz zufrieden an diesem Tag. Andi ist es auch, uns besorgt nur momentan die Mumpsgefahr. Alles andere nehmen wir so mit. Irgendwie werden wir es schon schaffen. Und Andi macht mit, das zeichnet sich ab. Nach der Besuchszeit gehe ich schwimmen, muß meine Zehnerkarte noch absolvieren. Und gleich nach der warmen Brühe zum Eislauf. Da sind die Gelenke so richtig geölt. Das ist ein Sonntag nach meinem Geschmack. Zu Hause wird damit nichts mehr sein. Ich begegne einer mir bekannten Mutter. Drei Wochen ist sie nun schon hier, langweilt sich einfach zu Tode. Sie schwankt zwischen Abfahren und Bleiben. Ist so schrecklich kribbelig geworden, schreit ihr kleines

Kind nur an. Kann sich zu nichts aufschwingen und wartet nur die Besuchszeit ab. Lange hält sie das nicht mehr aus. Einige erkannte Versäumnisse und die informationslose Behandlungsweise halten sie noch abwartend zurück. Ich vergesse die Mütternöte auf dem Eis. Falle gedankenverloren unglücklich hin und humpele zum Heim. Komme nach einer Stunde dort an, die Hose beult sich bedenklich am Knie. Nur Lappen drauf und Augen zu. Und morgen ist alles wieder vergessen.

25. Januar

Von wegen vergessen, ich kann kaum laufen. Schleppe mich schmerzvoll ins Büro. Dr. Teuer stiefelt am Fenster vorbei, sieht sich mein Bein gleich forschend an. Schickt mich zum Röntgen in den Ort. Unser Taxi-Freund bringt mich dorthin, holt mich anschließend wieder ab. Ein schlimmer Erguß und beiderseitig Knochenauswüchse werden entdeckt. Ich arbeite sitzend weiter. Die andern lästern. Geschieht mir auch recht, bin selber schuld. Das Taxi bringt mich pünktlich zur Klinik. Die Schwestern glucksen, Andi ist böse. Fragt, ob ich nicht aufpassen konnte? Kommt noch soweit, daß er meinetwegen hierbleiben muß. Das fehlte noch, und wenn ich zu Fuß nach Hause humpele! Das ist ein Wort, so kennt er mich auch. Wir malen uns unsere Wohnung aus, ob wir sie noch wieder erkennen werden? Hat Bernhard alles so gelassen? Mutti hat oft nach ihm gesehen, für die gröbste Ordnung gesorgt. Während seines Hierseins die Fische gefüttert. Ach ja, ob noch alle leben? Sieben Monate waren wir weg. Wie uns die Leute begrüßen werden? Und ob er die Schule besuchen kann? Andis Zimmer soll umgestellt werden. Wir wollen ein bequemeres Bett anschaffen. Mit guter Matratze und Lattenrost. Auch eine Sprossenwand will Bernhard anbringen mit einer großen Matte darunter. Griffe wie im Eisenbahnabteil hat er schon besorgt, um Andi das Aufrichten zu erleichtern. Mit dem Roller kann er in der Wohnung herumfahren und sich vielleicht auch draußen damit bewegen. Die Leute unter uns, die zu ebener Erde wohnen, wollen eventuell mit uns tauschen, damit Andi nicht Treppen steigen muß und die Kinder jederzeit reingucken können. Das macht uns alles vorfreudig glücklich und läßt die Krankheit mit bedenken. Die Klingel schrillt, das Taxi wartet. Die Stationstür bleibt aber fest abgeschlossen. Ich darf noch nicht durchgehen. Bewegung ist im Haus, ich muß geduldig abwarten. Das dauert lange, dann werde ich gescheucht. Soll wie der Wind zum Ausgang flitzen. Das kann ich nun wahrhaftig nicht. Versuche mein Bestes mit dem Knie. Werde von der Pforte herangewinkt. Sie rufen laut, ich solle mich beeilen, mal ein bißchen Tempo zulegen. Falle k. o. ins treu wartende Taxi. Das alles wird bald ein Ende haben!

27. Januar

Ich muß laufend zum Verbinden, zu Dr. Teuer in die Praxis. Er schmiert mir grausiges Zeug aufs Gelenk und erwägt kopfwiegend eine Punktion. Davor habe ich ernsthaft Angst. Finde auch, das brauche nicht zu sein. Aber das hilft nichts, es wird nicht besser. Ich kann nicht mehr schlafen, mich kaum noch drehen. Zu Andi fahre ich Rad, trete nur mit einem Bein. Ist anstrengend und auch nicht ungefährlich. Der Taxifahrer hat noch andere Fahrten, kann nicht ständig auf mich warten. Und Andi einfach nicht mehr besuchen? Das will ich zum Schluß gar nicht mehr anfangen. Muß außerdem noch allerhand wissen. Gucke in der Klinik in alle Töpfe. Frage alle Helferinnen aus. Lasse mir genau Fangopackungen erklären. Das ist leider nur wenig übertragbar, weil hier großformatige Apparaturen stehen, für den Hausgebrauch einfach nicht geeignet. Die Gymnastin zeigt mir die Übungen. Ich mache es nach, sie beobachtet kritisch. Die Tabletten will ich auch genau sehen. Die Milligramm werden durch ihre Halbierung dosiert. Ist gar nicht so einfach für Uneingeweihte. Ich will alles weitgehend selber machen. Habe schon auf komplizierten Umwegen einen Fangokochtopf und Masse bestellt. Gleich morgens, wenn Andi noch warm im Bett liegt, will ich, wie hier, die Packungen anlegen und nicht erst durch die Stadt zur Anwendung fahren. Ihm viel Freizeit lassen und gemeinsam mit ihm etwas tun. Ich wundere mich über die anreisenden Mütter, die nach Monaten freudig ihre Kinder abholen.

Sie bekommen einen Bericht für den Hausarzt mit und erhalten kaum eine Anweisung. Haben keine Ahnung und Erfahrung über Handhabungen und dringliche Dinge. Sie sollen nur die Zeit genüßlich verbringen, bis das Kind wieder ablieferungsreif ist ... Nicht jeder hat dafür Zeit wie ich, und auch meine Ausbildung hilft mir jetzt. Ich möchte die erneute Einlieferung nicht nur weit hinauszögern, sondern aktiv mitarbeiten können. Als verantwortungsvolle Bezugsperson anerkannt werden, die ihr Kind besser kennt als jeder Facharzt und nicht tatenlos abwarten möchte, bis sich irgend etwas einstellt. Unser Arzt zu Hause unterstützt dies sehr. Er hilft uns durch sein Vertrauen und setzt uns mit ein. Ich freue mich auf die gemeinsame Betreuung.

30. Januar

Ich habe vorgearbeitet, so gut es ging. Frau Macher hat noch keinen Ersatz. So sicher war meine Abfahrt noch nicht, Mumps kann sie immer noch verzögern. Aber nun scheint es endgültig zu sein. Andi ließ schon die Abschlußuntersuchung über sich ergehen. Richtig nackt sah man ihn sich an, um einen genauen Bericht schreiben zu können. In den sieben Monaten ist er nur zweimal so untersucht worden! Nach der Ankunft, und jetzt. Unser Schutzengel muß unermüdlich gewesen sein. Ich bin überzeugt, heute ist mein letzter Arbeitstag. Ein wenig schwermütig ist mir schon zumute. Alle kommen, gehen, hoffen und wünschen. Ich muß schnell in mein Zimmer, allein sein. Die Sandsäcke liegen auf meinem Tisch, habe acht Stück davon für Andi genäht. Der Hausmeister organisierte Sand, und Sr. Lissy borgte mir ihre Nähmaschine. Bernhard kommt, er darf wieder hier schlafen. Für zwei Nächte nur in meinem Zimmer. Eine Liege habe ich reingezwängt, soll uns den Abschied so richtig erleichtern. Es klopft an die Tür, Maria ruft mich. Sie ist gerade erst entlassen worden. Liegt im Bett im halbdunklen Raum. Friert wie Espenlaub und hat nichts zu essen. Ich mache erstmal die Heizung an. Sehe mich um, will ihr etwas richten. Das Zimmer ist wie unbewohnt. Kahl und kalt, ohne persönliche Ausstrahlung. Das ist ihr Leben, ihr Zuhause. Jahrelang, Jahrzehnte hindurch ist dies ihr einziger Unterschlupf gewesen. Sie ist so dankbar, daß einer kommt. Ich beknete sie, rede auf sie ein. Sie soll alle Möglichkeiten nutzen. Volkshochschulkurse besuchen, Vorträge anhören. Diese Dinge lenken ab, bieten viel, ohne etwas zu erwarten, lassen einen nicht allein. Sie verspricht, es zu versuchen. Ist ein halbes Jahrhundert alt und unselbständig wie ein Kind. Ich würde gerne bei ihr bleiben. Vielleicht auch nicht, muß selber was tun. Bernhard fährt vor, unterbricht meine Gedanken. Nun ist die Abfahrt eingeleitet, ich bin schon fast nicht mehr richtig hier.

2. Februar

Ganz früh sind wir aufgestanden, haben alles ordentlich hinterlassen. Meine Sachen im Wagen verstaut und uns aus dem Haus geschlichen. Kratzen das Auto eifrig frei, wollen ohne Aufsehen verschwinden. Maria steht plötzlich vor mir, frierend ohne Mantel, will sich persönlich verabschieden. Das ist nun zuviel, Rührung übermannt mich. Gestern litt ich schon unter dem Abschied. Die Oberin weinte, Sr. Rosalinde drückte mich herzlich. Jeder hat mir geholfen, gegeben. Resi wird durchhalten, ich werde ihr schreiben. An alle werde ich dankbar denken, sie sicher manchmal auch vermissen. Frau Macher kam in mein Zimmer herüber, wir setzten uns gemütlich zusammen, lachten über unseren Ausflug, zu dem ich sie und den Pater einlud. Sind mit der Seilbahn hochgefahren und auf einer ausgedienten Rodelbahn zu Fuß ins Tal gerutscht. Hand in Hand mit unserem Pater. Es muß ein göttlich erfrischender Anblick gewesen sein. Nun schließt dieses ganze Kapitel ab. Entlockt kein erleichtertes Aufatmen. Das Heim wird kleiner, verschwindet ganz. Ist seiner Ruhe überlassen. Mit meinem Fahrrad, das im Keller blieb. Es paßte nicht mehr ins Auto hinein. Die Klinik kommt näher, taucht nach der Kurve auf. Wir warten zum letztenmal an der Pforte. Andi wirft aufgeregt Sachen entgegen. Nur weg hier, nichts hält ihn, er will schnell raus. Die Papiere sind noch nicht fertig, die mitzunehmenden Geräte nicht auffindbar. Ich warte ungeduldig, der Stationsarzt ist auch nervös. Er wünscht alles

Gute, werden uns sicher bald wiedersehen. Andi ist ins Auto geflüchtet, er war einfach nicht mehr zurückzuhalten. Auch Bernhard ist fort, ich muß allein warten. Sehr lange, bis man alles findet. Dann humpele ich den beiden nach, hüpfe in den anfahrenden Wagen. Unser Ziel ist geradeaus, kein Blick zurück ist uns zu entlocken. Wir sind heraus, haben es tatsächlich geschafft. Sind allein, uns überlassen, haben sieben Monate auf diesen Tag gewartet. Bernhard fährt ohne Aufenthalt. Mit jedem Kilometer wird es heimeliger, lebendiger auf dem Sitz hinter uns. Andi wird munter und richtig fröhlich. Reckt sich nach vorn, legt die Arme um uns, sagt viele schöne und liebe Sachen. Macht große Pläne, hat neue Ideen. Er entdeckt viel, auf das sich zu freuen lohnt. Spät abends hält Bernhard vor der Haustür. Andi geht vor, die Stufen hinauf. Schleppt sich mit dem Stofftier im Arm ganz nach oben. Ohne Unterbrechung im gleichmäßigen Tempo. Wir folgen langsam, sind ganz gerührt. Andi erwartet uns blaß, aber strahlend, vor der Wohnungstür: „Vati, was guckst du so, mach endlich auf." – „Hast du etwa wieder deinen Schlüssel verbummelt?" Mutti muß wieder einmal schlichtend wirken: „Nun rein mit euch, wird ja auch Zeit."